AF356571

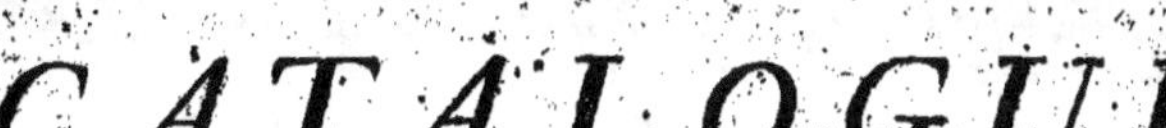

CATALOGUE

DE

LIVRES CHOISIS ET CURIEUX

DE LA PLUS BELLE CONDITION,

*QUI se trouvent à Paris, chez BAIL[...]
Libraire, Quai des Augustins, entre le Pont S. Mi[chel]
& la rue Gît-le-Cœur.*

THÉOLOGIE.

Ecriture Sainte.

BIBLIA Sacra Latina Vulgatæ versionis, in-8, superbe manuscrit, écrit avec une régularité parfaite, avec beaucoup de capitales peintes en or & en miniatures.

Biblia Sacra Vulgatæ editionis Sixti V jussu recognita & Clementis VIII autoritate edita, Paris, Seb. Martin, 1656. — Th. à Kempis, de Imitatione Christi, lib. IV. ibid. 1657. — Et Pugna spiritualis, ibid. 1657, 2 vol. in-12, maroq. à compartiment, connue sous le nom de la Bible de Richelieu.

La Sainte Bible, traduite sur les textes originaux, avec les différences de la Vulgate, par le Gros, Cologne, 1739, in 8, maroq.

Physica Sacra, hoc est Historia Naturalis Bibliæ, à Joan. Jac. Scheuchzero edita, & innumeris iconibus æneis elegantissimis adornata, procurante Joan. And. Pfeffel. 1731, 4 vol. in f. gr. pap. velin d'Holl. exempl. de la plus grande beauté.

Novum Jesu Christi Testamentum, Paris, è Typogr. Regia, 1649, in-12, 2 vol. m. r. l. r.

Le Nouveau Testament de Notre-Seigneur, Jesus-Christ, trad. en françois, Mons, Gaspard Migeot, 1697, in-12, 2 vol. avec des figures en taille-douce.

Histoire du Vieux & du Nouveau Testament, par David Martin, enrichie de plus de 400 fig. en taille-douce, Anvers, (Amst.) Mortier, 1700, 2 vol. in-fol. mar. connue sous le nom de Bible de Mortier. Exemplaire avant les clous.

Hist. du Vieux & du Nouveau Testament, par Royaumont, Bruxelles, 1698, in-12, f. m.

Nouveau Testament, traduit en franç. Mons, (Elz.) 1667, 2 vol. in-12, maroq.

Psalterium Davidis, 1592, Elzevir, 1653, in-12, maroq.

De la situation du Paradis Terrestre, par P. Daniel Huet, Paris, Anisson, 1691, in-12, r.

Mare Rabbinicum infidum, Paris, 1667, petit in-12, maroq. r. fort rare.

Traité de la Vérité & de l'inspiration des Livres du Vieux & du Nouveau Testamens, par Jacquelot, Amsterd. 1752, 2 vol. in-12.

Liturgies.

Divina Liturgia, sancti Marci, gr. lat. Par. 1583. — Missa Apostolica, 1595. — Sancti Gregorii Papæ, Divinum Officium, sive Missa, gr. lat. 1595. — Constantini Imp. Rescriptum ad Arium & Arianos, gr. lat. 1595, in-8.

Liturgia, sive Missæ Sanctorum Patrum. Antuerp. Plantin, 1560, in-8, mar. rare.

Precationes aliquot celebriores è sacris Bibliis desumptæ, hæb. gr. & lat. Parisiis, 1554, in-12, mar. très-rare.

Missale ad usum Ecclesiæ Parisiensis, mss. in membranis & figuris auro & coloribus depictis decoratus, in-f. Exemplaire de la plus belle conserv. les miniat. sont d'un fini pr.

Belle paire d'Heures, in-8, manus. sur velin de 1442, décoré de 30 jolies miniatures peintes en camayeu, maroq.

Autres Heures anciennes, imprimées sur velin, décoré de 26 grandes miniatures, & 10 petites, Paris, 15[..], in-8, mar. antique.

Beatæ Mariæ Virginis officium, Venetiis, 1740, in-16, mar. r. orn. de tr. jol. fig. en taille-d.

A

Heures nouvelles tirées de la Sainte Ecriture, écrites & gravées par Sénault, décorées de très-belles figures & de beaucoup d'ornemens, in-8, mar. roi dent. doub. de tabi. bel exemp.

Saints Peres, Conciles.

Lactance Firmian, des divines institutions contre les Gentils & Idolâtres, trad. en franç. Paris, 1555, in-16, fig. maroq.
Diction. des Conciles, 1 vol. in-8.

Cérémonies Ecclésiastiques & Cultes Religieux.

Diction. historiq. des cultes Religieux établis dans le monde, Paris, 1777, 3 vol. in-8. fig.
Discours Ecclésiastiques contre le Paganisme des Rois de la Féve, &c, par Jean Deslyons, Paris, 1664, in-12. — Apologie du Banquet sanctifié de la veille des Rois, p. Nic. Barthelemy, Paris, 1664, in-12, maroq.
Traité des anciennes cérémonies, ou Histoire contenant leur naissance & accroissement, leur entrée en l'Eglise, & par quels degrés elles ont passé jusqu'à la superstition, Amst. in-12.
Cérémonies & coutumes qui s'observent aujourd'hui parmi les Juifs, trad. de Léon de Modene, Paris, 1681, in-12.
Les conformités des cérémonies modernes avec les anciennes, 1667, in-8.
Hist. des Flagellans, par l'Abbé Boileau, Amst. 1732, in-12.
Les Cimetieres sacrés, Bordeaux, 1597, in-16.

Théologiens.

De Inferno & statu Dæmonum, authore Ant. Rusca, Mediolani, 1621, in-4, maroq.
F. Vavassoris, de forma Christi, Paris, 1649, in-8, mar. pas commun.
Hist. de la Robe sans couture, de N. S. Jesus-Christ, Paris, 1714, in-12.
De Annulo pronubo deiparæ Virginis, Romæ, 1682, in-8, rare.
Dissertation physico-théologique touchant la conception, Amst. 1742, in-12.
Paulina seu de recta Paschæ celebratione, auctore Paulo Germ. de Middelburgo Episcopo Forosemproniensi, Forosempronii, 1513, in-fol. maroq. citron, très-rare.
Recherches sur le feu de l'Enfer, & du lieu où il est situé, par M. Swinden, traduit de l'Anglois, par M. Bion, Amster. 1 vol. in-8.
Traité des Danses, auquel est amplement résolue la question à savoir s'il est permis aux Chrétiens de danser, — Traité de l'état honnête des Chrétiens dans leur accoutrement 1580, in-8, 1 vol.
Hist. de la Comédie & de l'Opera, où l'on prouve qu'on ne peut y aller sans péché, 1697, in-12.
De l'abus des Nudités de gorge, par un Gentilhomme françois, Bruxelles, in-12, ma. rare.
Le Fouet des Paillards, par le Curé du Mesnil, Rouen, in-12, maroq.
Les provinciales, Cologne, de la Vallée, (Elz.) 1557, in-12, m. & aut. édit. du même livre.
Factum pour les Religieuses de Sainte-Catherine-lès-Provins, contre les PP. Cordeliers, à Doregnal, 1679, in-12, rare.
Toilette de l'Archevêque de Sens, 1669, petit in-12, rare.
Dictionnaire des Cas de Conscience, abrégé par M. Collet, in-4, 2 vol.
Dict. des Hérésies, des Erreurs & des Schismes, 2 vol. in-8.
Diction. Théologique, 1 vol. in-8.

Sermonaires.

Sermones quadragesimales Frattris Michaelis Menoti, 1526, in-8, 1 vol. got. ma. r. très-r.
Sermones quadragesimales, per Fratrem Oliverium Maillardum, Ordinis Minorum, Parisiis, 1507, in-8, 2 vol. goth. très-rare.
Sermones Fr. Gabrielis Bareletre, Paris, 1518, in-8, goth.
Sermons de Saurin, 12 vol. in-8.
Sermons de Beaussobre, Lausane, 1755, 4 vol. in-8. & autres.

Mystiques.

Thomæ à Kempis de Imitatione Ch. Libri IV, Elz. absque anni nota, in-12, mar. très-rare.
De Imitatione Christi, Libri IV. Recensuit J. Valart, Par. Barbou, 1773, in-12, v. d. f. &.
La même, en françois, Barbou, 1773, in-12, veau doré sur tranche.
Revelationes sanctæ Brigittæ de Regno Sueciæ, Nurembe. Koberger, 1517, in-fol got. t. r.
Focarium pœnitentiale, Le Fusil de pénitence, cum sulphuratis suis avec ses allumettes, & la chante pleure, Paris, 1537, in-8, maroq. rare.
La Fleur des Pseaumes & les saintes affections d'une belle ame, 1624, in-12, v. doré.
Le Paradis ouvert à Philagie, 1660, in-12.
Le Philomele Séraphique, Tournay, 1640, 2 vol. in-8, v. doré.

La Malette de David, où sont enclos 32 excellentes prieres, tirées du clair ruisseau de l'Ecriture, in-12, veau doré.

Les Funérailles méditées & amour de la mort pour apprendre à bien mourir en vivant, P. 1609, in-12, v. d.

La Perfection Chrétienne, par Rodrigues, Paris, 1767, in-12, 2 vol.

Speculum perfectionis Vener. Patris F. Henrici, Herp. 1524, in-8., goth.

Défense de la Religion.

Traité de la vérité de la Religion Chrétienne, par Jacq. Abbadie, in-12, 4 vol.

Hugo Grotius de veritate Relig. Chrif. Elz. 1680, in-12.

Vérité de la Religion Chrét. par Grotius, trad. en fr. Amst. mar.

De l'Incrédulité, par le Clerc, Amsterd. 1733, in-12, 1 vol.

Théologie physique & astron. sur l'existence de Dieu, p. G. Derham, Rott. 1730, 3 v. in-8.

L'existence & la Sagesse de Dieu manifestées dans les œuvres de la création, par Ray, Utrecht, 1714, in-8.

Dissertation sur l'existence de Dieu, par Jacquelot, Paris, 1744, in-12, 3 vol.

Traités de l'existence & des attributs de Dieu, par M. Clarrke, Am. 1727, 3 vol. m. bonne é.

Ebauche de la Religion naturelle, par Wolaston, in-12, 3 vol. —— & in-4.

Dissertation sur le Messie, par Jacquelot, 1 vol. in-12.

Essais sur la Provid. & la possibilité physique de la résurr. tr. de l'Ang. la Haye, 1719, in-16.

Les trois Vérités contre tous Athées, Hérétiques &c. par P. Charron, Lyon, 1596, in-12.

Petit Traité du Purgatoire contre les Calvinistes, Paris, 1563, in-8.

De l'état des Morts & des Resuscitans, par Burnet, Amst. 1731, in-12.

Les témoins de la résur. avec une Dissert. sur les écrits, de Woolston, la Haye, 1732, in-8.

Moyens sûrs & honnêtes pour la conversion des Hérétiques, Colog. 1681, in-12, v. doré.

Tous les Ouvrages de Bergier.

Hétérodoxes, Ecrits des anciens & nouveaux Réformateurs.

Expositions familleres des principaux points du Catéchisme & de la Doctrine Chrétienne, par P. Viret, 1561, in-12, mar.

Métamorphoses Chretiennes, faites par Dialogue, par P. Viret, Geneve, 1561, in-8.

Entremangeries & guerres ministrales, in-8, rare.

Traité très-excellent de la liberté Chrétienne, composé par Martin Luther, 1569, in-12.

Résolutions de tous les points de la Relig. Chrét. par H. Bullingere, Zurick, 1556, in-16.

L'Anti-barbare, ou du langage incogneu tant ès prieres des particuliers qu'au service public, par P. Dumoulin, Geneve, 1629, p. in-8.

Le Camarade de l'Ante-Christ, ou le moyen d'aller en Enfer par le chem. du Paradis, in-8.

Dialogues rustiques d'un Prêtre de village, d'un Berger, d'un Censier & de sa femme, Rotterdam, 1711, in-12.

Traité des Reliques, ou advertissement très-utile du grand profit qui reviendroit à la Chrétienté, s'il se faisoit inventaire de tous les Corps saints & Reliques qui sont tant en Italie, qu'en France, Allemagne, Espagne, &c. Geneve, 1599, in-12, 1 vol. v. f. rare.

Tr. des Indulg. où sont découv. les abus qui se commet. dans l'Egl. R. Saumers, 1605, in-12.

Du Jubilé des Eglises réformées, avec l'Examen du Jubilé de l'Eglise Romaine, par Ch. Drelincourt, Chatenton, 1627, in-8.

Les Ecueils du naufrage Chrétien, Sédan, 1618, in-12.

Instruction pour les Nicodemites, ou pour ceux qui feignent d'être d'une Religion dont ils ne sont pas, & qui cachent leurs véritables sentimens, Amst. 1709, in-12.

Conjectures de N. de Cusa, touchant les derniers tems, Amst. 1700, in-8, mar. rare.

Déclaration de J. de Labadie, ci-devant Prêtre, contenant les raisons qui l'ont obligé à quitter la Communion de l'Eglise Romaine pour se ranger à celle de l'Eglise Reformée, 1650, 3 vol. in-8.

Traités sur l'Eglise Romaine.

Etat présent de l'Eglise Romaine dans toutes les parties du monde, Amst. 1716, in-12.

Métamorphoses de la Religion Romaine, par le S. Aymon, la Haye, 1700, 1 vol. mar. r.

Antithesis Christi & Antichristi, videlicet Papæ, versibus & fig. illustrata, 1578, in 8, t. r.

Antichèse de N. S. & du Pape de Rome, en vers françois, 1600, in-8, maroq.

Histoire de la mappemonde Papistique, composée par Frangidelphe Escorche-messes, imp. p. Brifaud chasse-diable, 1566, 1 vol. pet. in-4, maroq.

Refutat. du 23 Chapitre du Catéchisme & Abregé des controverses touchant la Religion Catholique, par George Thomsom, Geneve, 1612, in-8, maroq.

La Chaſſe du Loup Cervier où eſt Traité du jeûne de l'Egliſe Catholique contre les Impies & Hérétiques calomnies de George Thomſon, *auteur de la Chaſſe de la Bête Romaine,* Paris, 1612, in-8, maroq.

L'Ante-Chriſt Romain, imprimé en 1604, in-8.

Taxe de la Chancellerie Romaine, ou la Banque du Pape, Rome, 1744, in-12.

Préſervatif contre le Papiſme, par G. Sherlock, la Haye, 1721, in-8.

Traité de la rémiſſion des péchés contre les Indulgences du Pape, 1600, in-8.

Traité du Mal qui par la ſimonie advient à la Chretienté, Paris, 1576, in-8.

Papa non Papa, per And. Oſiandrum, Francof. 1600, in-8, mar.

Le Tableau de la Cour de Rome, par le ſieur J. Aymon, Lahaye, 1707, in-8.

L'Etat du Siége de Rome, Cologne, 3 tomes, 1 vol. in-8.

Traité ſur la Meſſe & le Sacrement de l'Euchariſtie.

La Meſſe trouvée dans l'Ecriture, Villefranche, 1678, in-12, très-rare.

Les Cauteles, Canon & Cérémonies de la Meſſe, Gene. 1564, in-16, tr. rare.

Sommaire Recueil des ſignes ſacrés, Sacrifices & Sacremens inſtitués de Dieu depuis la création du monde, avec la vraie origine du Sacrifice de la Meſſe, 1616, pet. vol. fort r.

La Meſſe en François, expoſée par Jean Bede, Geneve, 1610, in-8. rare.

Durand commenté, ou l'accord de la Philoſophie avec la Théologie, touchant la Tranſubſtantiation de l'Euchariſtie, Cologne, 1700, in-12, mar. jaune.

Les & cætera de Dupleſſis parſemés de leurs *qui pro quo* ſur les points de la ſainte Meſſe & Euchariſtie, 1600, in-8. maroq.

Mêlanges de Théologie Hétérodoxe.

Les Raiſons des Scriprutaires, par leſquelles ils font voir que les termes de l'Ecriture ſuffiſent pour expliquer les dogmes de la Trinité, Hambourg, 1706, in-12.

La Religion du Latitudinaire avec l'apologie pour la ſainte Trinité appellée l'héréſie des trois Dieux, p. P Jurieu, Rotterdam, 1696, in-8.

Traité ſur les Miracles, dans lequel on prouve que le Diable n'en ſauroit faire, par J. Serces, Amſterdam, 1729, in-12.

Le Chriſtianiſme raiſonnable, par M. Lock, Amſter. 1731, 2 vol. in-8, v. fil.

Nouveaux Eſſais ſur la bonté de Dieu, la liberté de l'homme & l'origine du mal, traduit de l'Anglois de Chubb. Amſt. 1732, in-12.

La Théologie natur. de Raym. Sebon, trad. par Montaigne, Paris, 1569, in-8.

Théologie naturelle, ou Recueil contenant pluſieurs argumens contre les Epicuriens & Athéiſtes, 1579, in-12.

Liberté de Conſcience reſſerrée dans des bornes légitimes, Lond. 1754, in-12.

Examen de la Religion dont on cherche l'éclairciſſement de bonne foi, attribué à M. de S. Evremont, 1745, in-12.

De Irenico Irenicorum admonitio à Joan. amos Comenio, Amſter. 1660, in-8, m. tr. r.

Il Catechiſmo overo inſtituzione Chriſt. di Ber. Ochino, Baſil. 1561, in-8.

Eſſai de trad. du fameux Livre Italien: *Spaccio della Beſtia trionfante,* 1750, in-12.

Défenſe du Paganiſme par l'Empereur Julien, gr. & fr. avec des diſſertations & des notes, Berlin, 1764, in-8, maroq.

La Folie des prétendus eſprits forts, des impies, des indifférents & des ſeparatiſtes, dévoilée par divers auteurs, Berlin, 1753, 2 vol. in-12.

Lux è tenebris, hoc eſt, Revelationes in uſum ſeculi noſtri, factæ Chriſt. Kottero &c. ab anno 1616 ad 1664 cum notis & figuris, 1665, in-4, rare.

Præadamitæ, 1655. — Syſtema Theolog. ex præadamit. hypoth. 1655. — Animadverſiones in librum præadamitarum, 1656, 1 vol. in-12, maro. rou.

Guillelmi Poſtelli de orbis terræ Concordia libri IV, Baſileæ, abſque anni indicatione ſed circa ann. 1544, in-fol. la bonne édit. mar. très-rare.

Everſio falſorum Ariſtotelis Dogmatum, Poſtel, 1552, in-16, mar. ra.

Les très-merveilleuſes victoires des Femmes du Nouveau Monde, ou la Mere Jeanne, par Poſtel, Paris, Ruelle, 1553, in-12, mar.

Theatrum univerſæ Naturæ, Joan. Bodino, Hanoviæ, 1605, in-8, veau doré.

Le Théâtre de la Nature univerſelle de Jean Bodin, Lyon, 1597, in-8, rare.

Julii Cæſaris Vanini amphitheatrum æternæ Providentiæ, Divino-Magicum, Chriſtiano-Phyſicum, &c. Lugd. 1615, in-8, maroq.

— Ejuſdem Vanini de admirandis naturæ Reginæ Deæque mortalium Arcanis Dialogorum libri IV, Lutet. Perier, 1616, in-8, m. très-r.

La Vie & les Sentimens de Lucilio Vanini, Rotterd. 1717, in-12, 1 vol.

Davidis Derrodon, Diſputatio de ſuppoſito, Francofurti, 1645, in-8, mar. r.

La Béatitude des chrétiens ou le fléau de la foi, par Geoffroy Vallée, mss. in-4, maroq.
Pensées de Simon Morin, avec ses Cantiques & Quatrains spirituels, Paris, 1647, in-8, maroq. r. On a joint à cet exemplaire sa déclaration au sortir de la Bastille, l'Arrêt du Parlement qui le condamne à être brûlé, & le procès-verb. d'exéc. le tout d'édit. origin.
La Foi dévoilée par la raison, par Parisot, 1681, in-8.
{ Hadriana Beverlandi, Peccatum origin. Eleutheropoli, in horto hesperidum, typis Adami & Evæ terræ filii, anno 1678, in-8, mar.
Ejusdem Beverlandi de Stolate virginitatis jure. Lucubratio Academica, 1680, in-8, m. r.
Ejusdem Beverlandi, de Fornicatione Cavenda anmonitio, 1698, in-8, mar. ra.
De l'état de l'Homme dans le péché originel, imp. dans le monde en 1714 ou 1731, in-12, r.
Traité du libre & du volontaire, par Bernier, Amsterd. 1685, in-12, 1 vol.
Religio Medici juxta exemp. Lug. Batavor. 1644, in-16, maroq. bleu.
{ Tractatus Theologico-politicus, Hamburgi, 1670.
B. D. S. Opera posthuma, 1677, 2 vol. in-4, maroq. rouge.
Réflexions curieuses d'un esprit désin. sur les matieres les plus import. au salut, 1678, in-12.
Réfutation des erreurs de Benoît Spinosa, par Fénelon, Lamy & Boullainvilliers, Bruxelles, Foppens, 1731, in-12, maroq. très-rare.
La Vie de Spinosa, tirée des écrits de ce fameux philosophe, la Haye, 1706, in-8.
Joan. Tolandi Pantheisticon, Lond. 1720. — Ejusdem Adæisidemon, Hag. Comit. 1709, 2 vol. in-8, en gr. pap. maroq. rou.
Le Christianisme non mystérieux, de Toland, London, 1696, in-8, en anglois.
Mêlanges de Remarq. sur les deux Dissert. de Toland, par Elies Benoît, 1712 in-8. rare.
Le Platonisme dévoilé, ou Essai touchant le Verbe Platonic. Col. 1700, in-12, 1 v. Liv. t. r.
Discours écrits à l'occasion d'une Secte d'Esprits-forts, ou de gens qui pensent librement, traduits de l'Anglois, Lond. 2 vol. in-12.
Le Parti le plus sûr, ou la Vérité reconnue, Brux. 1715, in-12, maroq.
Paradoxes métaphysiques sur les principes des actions humaines, tr. de Collins, 1756, in-12.
La Friponnerie laïques des prétendus Esprits-forts, ou Remarques sur la liberté de penser, Amsterd. 1738, in 8.
Pensées libres sur la Religion, trad. de l'Ang. Amst. 1723, in-12, 2 vol.
Dissert. sur l'union de la Religion, de la Morale & de la Politiq. p. Warburton, in-12, 2 v.
Opinions des Anciens sur les Juifs, par M. de Mirabeau, Lond. 1769, 1 vol. in-12, v. d.
Machumetis Saracenorum principis ejusque successorum vitæ, Doctrina, ac ipse Alcoran. Anno salutis humanæ 1550, petit in-f. rare & estimé.
Alcoran de Mahomet, traduit par Durier, Elz. in-12, maroq.
Religion ou Théologie des Turcs, Bruxelles, 1704, in-12.

Philosophie.

Histoire critique de la Philosophie, par Deslandes, Amster. 1737, 3 vol. in-8.
Bibliotheque des anciens Philosophes, contenant les Œuvres de Platon, &c. in-12. 9 vol.
Œuvres de Platon, trad. en françois par M. Dacier, Amst. 1744, 2 vol. in-12, v. fauv. filet.
Platonis de Republ. lib. X, gr. lat. cum not. edm. Massey. Cantabr. 1713, 2 v, in-8, v. f.
Ejusd. Platonis Dialogi V, gr. lat. édit. nat. Forster, Oxonii, 1752, in-8, ch. magn.
Porphire, Traité touchant l'abstinence de la chair des Animaux, in-8.
Les Hypotiposes ou Institut. Pyrrhoniennes de Sextus Empiricus, tr. du gr. 1725, in-12, ra.
Luc. Annæi Senecæ philosophi opera omnia, Lugd. bat, Elzev. 1640, 4 vol. in-12. mar.
Analyse des Traités des bienfaits & de la clémence de Seneque, Paris, 1776, in-12, v. d.
Pensée de Sénéque, par de la Beaumelle, Paris, 1768, in-12.
Antoniana, Margarita, Opus nempè Physicis, Medicis ac Theologis, non minùs utile quàm necessarium, per Gometium Pereyram. — Methymnæ Campi de Myllis, 1554, in-fol. maroquin rouge, très-rare.
Philosophie du Chancelier Bacon, & sa Vie, Amst. 1755, 3 vol. in-12.
Œuvres Morales & Politiques de Bacon, 1633, in-8.
Histoire la Philosophie Payenne, la Haye, 1724, 2 vol. in-12.
La Philosophie fabuleuse, par lequel, sous le sens allégoriq e de plusieurs belles fables, est montré l'envie, malice & trahison d'aucuns Courtisans, Rouen, rare.
Recueil de Piéces curieuses sur les matieres les plus intéressantes, par Alb. Radicati, Comte de Passeran, Rotter. 1736, in-8, mar.
Les Caracteres de la Bruyere & de Théophraste, 2 vol. in-12.
Le Manuel d'Epictete & le Commentaire de Simplicius, trad. du grec en franç. par André Dacier, Paris, 1715, 2 vol. in-12, rare.
Le Manuel d'Epictete, trad. par Dacier, Par. 1775, in-16. maroq.
La Consolation philosophique de Boëce, la Haye, 1744, in-12, 2 vol.
Le Philosophe payen, ou Pensées de Pline, par Formey, Leyde, 1759, 3 vol. in-12.

De la Nature, par Robinet, Amſt. 4 vol. in-8, v. doré.
Les Œuvres philoſophiques de M. Humes, tr. de l'Ang. Amſt. 1764, in-12, 5 vol.
La Philoſophie du bon ſens, par le Marq. d'Argens, la Haye, 1747, 2 vol. in-8, r.
Grammaire des Sciences philoſophiques, de Benjamin Martin, Par. 1749, in-8.

Philoſophie Morale.

Le Livre de Sydrach, grand Philoſophe & Prophete, lequel Livre eſt la fontaine de toute ſcience, Paris, ſans date, in-4, gothiq. maroq.
Dialogue intitulé le Pertegrin, traitant de l'honnête & pudique amour, trad. en franç. par Franç. d'Aſſy, Lyon, 1533, in-4, goth. ra.
De la Sageſſe, trois Livres, par Charron, Leyde, Elz. in-12, mar.
Traité philoſophique de la foibleſſe de l'eſprit humain, par M. Huet. Lond. 1741.
Introduction à la connoiſſance de l'eſprit humain, (par Vauvenargue) Par. 1747, in-12, b.
De la certitude des connoiſſances humaines, ou Examen philoſophique des diverſes prérogatives de la raiſon & de la foi, Lond. 1741, p. in-8.
L'Elixir de la Morale Indienne, Paris, 1760, in-12.
Les Penſées, Maximes & Réflexions morales de la Rochefoucaud, in-12.
Réflexions pieuſes, inſpirées dans la Baſtille à Samuel Gringalet ſur ces IV queſtions, *que ſuis-je ? où ſuis-je ? qui m'y a mis ? & pourquoi ?* la Haye, 1725, in-8.
Qu'en dira-t-on, ou mes Penſées, 1751, in-12, v. doré.
Les cent premieres nouvelles & advis de Parnaſſe, où ſont admirables inventions, gentilles métaphores, plaiſans diſcours, &c. Paris, 1715, in-8. v. doré
Le Monde, ſon origine & ſon antiquité, Londres, 1751, in 8. 2 vol.
Comus, ou le Banquet diſſolu des Cimmériens, ſonge, Paris, 1613, m. r.
Si la torture eſt un moyen ſûr a vérifier les crimes ſecrets ; Diſſertation morale & juridique, par Aug. Nicolas, Amſt. 1682, in-8.
Paradoxe ou Sentence philoſophique contre l'opinion du vulgaire, que ce n'eſt pas la nature qui fait l'homme, mais bien l'induſtrie, Paris, 1605, in-8.
Fables des Abeilles, ou les Fripons devenus honn. gens, Lond. 4 tom. en 2 v. in-12, b. éd.
Lettres philoſophiques ſur les Phiſionomies, la Haye, 1746, in-8.
Réflex. morales, ſatyriques & comiques ſur les mœurs de ce ſiécle, Liége, 1733, in-12.
Conſidérations ſur les mœurs du 18e ſiécle, par Duclos, Paris, 1772, in-12.
Les Œuvres de Milord Comte de Shaftsbury, Geneve, 1769, 3 vol. in-8, v. doré.
Œuvres de M. de Carraccioli, 11 vol. in-12.
Eſſai ſur l'homme de Pope, trad. en franç avec l'angl. à côté, 1745, in-4, gr. pap.
Paradoxes ſur l'incertitude, vanité & abus des ſciences, 1617, in-12, mar.
Exameron, ou ſix Journées, contenant pluſieurs doctes diſcours ſur aucuns points difficiles en diverſes ſciences, avec maintes hiſt. not. & non encore ouyes, in-16, m.
Entretiens ſur la pluralité des mondes, par M. de Fontenelle, Paris, 1769, in 12.
Le Déſabuſement qui court de la prochaine conſommation des ſiécles, fin du monde, & jour du jugement univerſel, Rouen, 1665, in-12
Du mépris de la Cour, & de la louange de la vie ruſtique, trad. de l'eſpagnol en franç. par Ant. Allegre, Paris, Ruelle, 1568, in 16, maroq.
Le Chemin de longue étude de Dame Chriſtine de Piſe, où eſt décrit le débat eſmeu au Parlement de Raiſon pour l'Election du Prince digne de gouverner le Monde, Paris, 1549, in-16, maroq. rare.
Confutation du poinct d'honneur ſur lequel la Nobleſſe fonde aujourd'hui ſes monomachies & querelles, par de Cheffontaine, Paris, 1586, in-8.

Economie.

Liber moralis, italicâ lingua ſcriptus, qui dicitur, *puellarum decor*, Venetiis, 1461, in-4. Cet exemplaire vient du Cabinet de M. de Préfond.
Œconomie de la vie humaine, trad. d'un ancien Bramine, Edimb. 1752, in-8.
Le Gouvernement des Princes, le Tréſor de Nobleſſe, & les Fleurs de Valere-le-Grant, Paris, Anthoine Verard, 1497, pet. in-fol. goth. mar.
Le Mirouer exemplaire du Gouvernement des Princes. —— Le Secret d'Ariſtote, appellé le ſecret des Secrets, &c. Paris, 1517, in-4, goth.
Traité des délits & des peines, trad. de l'ital. Paris, 1773, in-12.
Traité du Vrai Mérite de l'homme, par M. le Maitre de Claville, Paris, 1761, 2 vol. in-12.
Les Devoirs de l'Homme & du Citoyen, par Barbeirac, Holl. 2 vol. in-12.
Les Epîtres dorées de Don Antoine de Guevare, Paris, 1573, in-8.
La Doctrine des mœurs, ornée de 100 fig. en taill-dou. Paris, 1688, in-12, v. f.
Examen & parfait jugement des eſprits propres & naiz aux ſciences, par Gabr. Chapuis, Tourangeau, Paris, 1588, in-16, mar.

Les diverses Leçons de Pierre Meffie, mifes en fr. par C. Gruget, Par, 1572, in-16, m. jol, 8.
Maniere de bien penfer, par le P. Bouhours, 1 vol in-12.
Miroir qui ne flatte point, in-12, fig.
Traité d'Education, enrichi de Fables qui ont rapport aux vertus & aux vices dont on traite
    Amfterd. 1716, 2 vol. in-12, ornés d'un grand nombre de très-jolies figures.
Joannis Ludovici Vivis Valentini, de officio Mariti. — De Inftitutione fœminæ. — De In-
    genuorum adolefcentum ac puellarum inftitutione, Hanoviæ, 1614, in-8.
Livre très-bon, plaifant & falutaire de l'inftitut. de la femme, fuivi de l'office du mari,
    trad. du lat. de Loys Vives, 1543, in 8.
De Virginitatis cuftodia, Bazileæ, 1544, in-12.
Traité de la Jaloufie, ou Moyen d'entretenir la paix dans le Mariage, Elz. 1682, in-12, m.

Politique, Finances & Commerce.

Difcours politiques & militaires du fieur de la Noue, in-8.
Le Livre de la Police humaine, 1550, Paris, Lageliér, in-12.
Difcours fur le Gouvernement, trad. de l'Anglois de Sidney, la Haie, 1702, 3 vol. in-8,
    bonne édition, maroq.
Elémens philofophiques du bon Citoyen, Traité politique, où les fondemens de la fociété
    civile font découverts, par Thomas Hobbes, Paris, 1 vol. in-8, rare.
Difcours politiques de Loys le Roy, traduct. de Platon & d'Ariftote, Paris, 1592, in-8. m.
Les Politiques, ou Doctrine civile de Juftus Lipfius, Paris, 1597, in-16, maroq.
Jo. Mariana de Rege & Regis inftitutione libri III, Toleti, 1599, in-4, maroq. rouge,
    édicion originale.
Inftit. d'un Prince ou Traité des Qualités, des Vertus & des Devoirs d'un Souverain, par
    Duguet, Londres, 1739, in-4. ou 4 vol. in-12.
Clémence & humanité du Prince envers fes fujets, trad, de Seneque, Lyon, 1559, in-16, m.
Confidérations politiques fur les coups d'Etat, par Naudé, (Holl.) 1667, in-12, jolie édit.
Vinditiæ contra tyrannos, five de Principis in populum, populique in Principem, legitima
    poteftate, Stephano Junio Bruto Celta auctore, in-12, 1 vol. Livre curieux & rare.
La Guerre libre. Traité auquel eft décidé la queftion, s'il eft loifible de porter les armes au
    fervice d'un Prince de diverfe Religion, la Haye, 1641, in-16.
Le Politique du tems, Difcours pour avoir une jufte idée de la puiffance, de l'autorité &
    du devoir des Princes, & jufqu'où l'on doit fupporter la tyrannie, 1650, in-12, m. rare.
Traité politique, compofé par Willian Allen, Anglois, trad. en François, Lugduni, 1658,
    in-16, maroq. rouge.
Queftion royale & fa décifion, où eft montré en quelle extrêmité le fujet pourroit être
    obligé de conferver la vie du Prince aux dépens de la fienne, Paris, 1609, in-12.
Œuvres de Machiavel, la Haye, 1743, 6 vol. in 12.
Le Nicocles d'Ifocrate ou de la Royauté, trad. du Grec, P. 1585, in-8, maroq.
Hieron ou Portrait de la Cond. des Rois, par Xénophont, Gr. & Franç. Amft. 1711, in-8.
Traité hiftorique fur le fujet de l'Excommunication & dépofition des Rois, Paris, 1681,
    in-8, fort rare.
Recueil de Pieces concernant la doctrine & pratique de Rome fur la dépofition des Rois,
    1628, in-8.
Traité de la Religion Chrétienne par rapport à la vie civile, où l'on fait voir que l'Eglife
    n'eft point un Etat, & que la puiffance des Princes ne va point jufqu'à dominer fur la
    Foi, Utrecht, 1690, in-16.
Traité du pouvoir abfolu des Souverains, Cologne, 1685, in-12.
L'Homme de Cour de Balthazar Gracian, trad. par Amelot de la Houffaye, Paris,
    1748, in-12.
Le Reveille-matin des Courtifans, ou Moyens pour parvenir à la faveur & s'y maintenir,
    trad de l'Efpagnol de Don Antoine Guevarre, Paris, 1622, in-8, veau doré.
Deux Dialogues de quelques Courtifanifmes modernes, & de quelques fingularités courti-
    fanefques, Anvers, 1579, in-16, maroq.
Œuvres complettes de Montefquieu, Londres, 1767, 3 vol. in-4.
Les mêmes Œuvres de Montefquieu, 7 vol. in-12.
Du Gouvernement civil, par Lock, trad. de l'Anglois, Amft. 1755, in-12.
Difcours politiques de David Hume, trad. de l'Anglois, Amft. 1767, 3 vol. n-12.
Æfopus in Europa (ou Réflexions en forme de Fables fur les différens gouvernemens de
    l'Europe), en Hollandois, la Haye, 1738, in-4, fig.
Les Œuvres complettes de M. l'Abbé de Mably, 11 vol. in-12.
De la maniere de négocier avec les Souverains, par M. de Callieres, 2 vol. in-12.
Difcours fur l'art de négocier, par Pecquet, Paris, 1737, in-8.
C. Pafchalii legatus, Elz. 1645, in-12, mar.

Virg. Malvezzi Marchionis princeps, Elzev. 1636, in-12, vélin.
Constitution de l'Angleterre, Amst. 1774, in-8.
Les six Livres de la République de Bodin, Londres, 1755, 2 vol. in-12.
Théorie des Loix civiles de Linguet, Londres, 1767, 2 vol. in-12.
De la Législation, ou Principes des Loix, par M. l'Abbé de Mably, Amst. 1776, in-12.
Discours des Parricides, Lyon, 1606, in-8.
Recueil hist. d'Actes, Négociations, Mém. & Traités, p. M. Rousset, Amst. 25 vol. in-8.
Essai politique sur le Commerce, par Mellon, 1 vol. in-12.
Réflexions politiques sur les Finances & le Commerce, par Dutot, 2 vol. in-12.
Christ. Henelii, Tractatus politicus de ærario sive de rationibus acquirendi principi pecuniam, 1670, in-16.

Métaphysique.

Essai de Théodicée sur la bonté de Dieu, la liberté de l'homme & l'origine du mal, par Leibnitz, Amst. 1747, 2 vol. in-12. maroq.
Entretiens sur la Métaphysique & la Religion, par le P. Mallebranche, Paris, 1696, 2 vol.
Introd. à la Philos. contenant la Metaph. & la Logique, p. Sgravesande, Leyd. 1748, in-8.
Essai philosophique concernant l'entendement humain, par Lock, Amst. 1758, in-12, 4 vol.
L'Ame, ou le Système des Matérialistes, 1759, in-12, 1 vol.
Psycologie ou Traité sur l'ame, par M. Volf, Amst. 1745.
Histoire d'Ema, 1752, 1 vol. in-12.
Raymundi Lullii opera, Argentorati, 1617, 1 vol. in-8.
La Palingenesie philosophique, ou Idée sur l'état passé & futur des êtres vivans, par Bonnet, Geneve, 1770, 2 vol. in-8.
Considérations sur les corps organisés, par C. Bonnet, 1762, in-8, 2 tomes en 1 vol.
Contemplation de la nature, par C. Bonnet, Amst. 1769, in-8, 2 vol.
Essai analytique sur les facultés de l'ame, par C. Bonnet, Copenhague, 1760, 1 vol. in-4.
———— Le même, 2 vol. in-8.
Essai sur les erreurs populaires, Paris, 1753, 2 vol. in-12.
Recherches sur l'origine des idées, 1750, in-12, 1 vol.
Œuvres complettes de Descartes, 14 vol. in-12, v. f.

Cabale, Magie, Démons, Sorciers.

Enchiridion Leonis Papæ, Romæ, 1660, in-16.
Jan. Jac. Boissardi tractatus de Divinatione & Magicis præstigiis, Openheimii, in-fol. fig. veau fauve.
Poligraphie & Ecriture universelle cabalistique de Trithême & la clavicule, Paris, 1625, in-4.
La Philosophie occulte de Henri Corneille Agrippa, trad. du latin, la Haye, 1727, 2 vol. in-8, grand pap. maroq. roug. très-rare.
Joan. Fr. Mirandulæ Opera omnia, 1494 & 1573, 2 vol. in-fol. rare.
Traité des Anges & des Démons, par Maldonat, Paris, 1717, in-12.
Commentarius de principuis generibus Divinationum autore Gasparo Peucero, Witeberge, 1560, in-8, veau doré.
Les Devins, ou Commentaire des principales sortes de divinations, par Gaspar Peucer, Anvers, 1584, in-4, rare.
Traité de l'apparition des Esprits, par F. N. Taille-pied, in-12, rare.
Dial. de la Lycantrophie, ou transf. d'hom. en loups, vulg. dits loups-garoux, 1596, in-12.
De la Lycantrophie, transformations & extase des Sorciers, P. 1615, in-8.
Le Fléau des Démons & Sorciers, par Angevin, 1616, in-8, veau doré.
Le Monde Enchanté, par Balthaz. Bekker, avec le Traité historique des Dieux & des Démons du Paganisme, Amst. 1694, 5 vol. in-12.
Histoire du Diable, Amsterd. 1730, 2 vol.
Traité historique sur les apparitions, les visions & les révélations, par l'Englet du Fresnoy, Paris, 1751, 4 vol. in-12.
Discours des Sorciers, avec six avis en faict de Sorcellerie, par Henri Boguet, Lyon, 1610, in-8.
Curiosités inouies sur la sculpture talismanique des Persans, &c. par J. Gaffarel, Paris, 1629, in-8.
Histoire prodigieuse & lamentable de Jean Fauste, grand & horrible Enchanteur, avec sa mort épouvantable, in-12, curieux & rare.
Discours des Spectres, ou Visions & Apparitions d'Esprits; comme Anges, Démons, Ames se montrans visibles aux hommes, par P. le Loyer, Paris, 1608, in-4.
Hist. des Imaginations extravagantes de M. Oufle, 2 vol. in-12, fig.
L'Incrédulité, ou Mécréance du sortilege, où il est traité de la fascination, de l'attouchement, du scopélisme, de la devination, de la ligarure ou liaison magique, &c. par de Lancre, Paris, 1622, in-4.

Illusions & Impostures des Diables, des Magiciens, Infâmes, Sorciers & Empoisonneurs,
  Item. De la punition qu'ils méritent, trad. de Jean Vier, par Jacq. Grœvin, in-8. doré.
Réfutation de l'erreur du vulgaire touchant les réponses des Diables exorcisés, 1618,
  in-12, veau doré.
Les controverses & recherches Magiques, de Martin Delrio, Paris, 1611, 2 vol. in 8.
Recueil des Lettres, au sujet des Maléfices & des Sortiléges, par Boissier, Paris 1731, in-12.
Hist. véritable & mém. de ce qui s'est passé sous l'exorcisme de trois Filles possédées ès païs
  de Flandre, &c. Par. 1623, in-8.
Lavateri de spectris, lemuribus variisque præsagitionibus, 1687, in-12, fig.
Des Satyres brutes, Monstres & Demons, de leur nature & adoration, par Hedelin,
  Paris, 1627, in-8, veau fauve.
Histoire des Diables de Loudun, Amst. 1716, in-12.
Apologie pour les grands Hommes soupçonnés de Magie, par Naudé, Amst. 1712, in-8
Physique.

Les Livres de Hierome Cardanus, intitulés de la subtilité & subtiles inventions, tr. par
  Richard le Blanc, Paris, Langelier, 1584, in-8, vél. bonne édit.
Œuvres diverses de Physique, par Mariotte, la Haye, 1740, 2 vol. in-4.
Cours de Physique expérimentale & Mathématique de Muschembrock, Paris, 1769,
  3 vol. in-4, fig.
Physique de l'Abbé Nollet, 6 vol. in-12, & autres Ouvrages du même Auteur.
Traité de l'Aimant, par Dalancé, Amst. 1687, in-12, fig. de Hooge, mar.
Histoire de l'Electricité, par Priestley, Paris, 1771, 3 vol.
Telliamed, ou Entretien d'un Philosophe Indien avec un Missionnaire François, Amst.
  1748, 1 vol. in-8.
Institution de Physique, par Mad. du Chatelet, Paris, 1740, in-8, 1 vol. fig. vign.
La Vénus physique, & autres Œuvres de M. de Maupertuis, Lyon, 1768, 4 vol. in-8.
Géographie physique ou Essai sur l'Hist. naturelle de la terre, trad. de l'angl. de Wodward,
  Amst. 1735, in-8.
Dictionnaire de Physique, 2 vol. in-8.

Histoire Naturelle, Agriculture, Botanique.

C. Plinii secundi historiæ naturalis, Elz. 1635, 3 vol. in-12, mar.
Dictionnaire d'Histoire Naturelle, par Bomar, 1775, 9 vol. in-8.
Arte de los Metales, en que se enseña el verdadero beneficio de los de oro, y plata por
  Açogue, el modo de fundir los todos : por Albaro Alonso Barba, en Madrid, en la
  Emprenta Real, 1640, in-4, très-rare.
Choix de Coquillages & de Crustages peints d'après nature, gravés en taille douce & en-
  luminés de leurs vraies couleurs, par Fr. Michel, Regenfuss, Copenhague, 1758, in-f.
  forme d'Atlas — Livre magnifique.
Thesaurus cochlearum, concharum, conchyliorum & mineralium, auth. Georg. Everh.
  Rumphio, Hagæ comitum, 1739, in-fol. fig.
Histoire Naturelle, éclaircie dans deux de ses parties la Lithologie & la Conchiologie,
  Paris, 1742, & l'Oryctologie, 1755, en total 3 vol. in-4, fig. belles épreuves.
De l'origine des Fontaines, Paris, 1674, in-12, pas commun.
Le Mercure Indien, ou le Trésor des Indes, Paris, 1667, in-8.
Traité des Pierres & des Pierreies, par Est. Claves, Paris, 1635, in-8.
Discours œconomique, non moins utile que récréatif, monstrant comme de cinq cent livres
  pour une fois employées, l'on peut tirer par an quatre mil cinq cent livres de proffit
  honnête qui est le moyen de faire profiter son argent, par Choyselat, 1611, in-12,
  singulier & curieux.
La Nouvelle Maison Rustique, in-4, 2 vol.
Dictionnaire du Cultivateur, ou l'Agronome, in-8, 2 vol.
{ Fabii Columnæ lincei ΦΥΤΟΒΑΣΑΝΟΚ, sive aliquot plantarum, piscium, plantarum-
    que novarum historia, Neapoli, Salvianus, 1592, in-4, mar. r. lav. rég.
  Ejusdem Fabii Columnæ minus cognitarum stirpium hist. Romæ, 1616, in-4, m. r. l. r.
  Ejusdem Fabii Columnæ purpura, Romæ, 1616, in-4, m. r. l. r.
Traité des Dragons & des Escarboucles, par Panthot, Lyon, 1691, in 12, rare.
Les singularités de la France Antartique, autr. nommée Amérique, &c. Anv. 1558, in-8, f.
Traité des Melons, où il est parlé de leur nature, culture, vertus & usages, par Jaq. Pons,
  Lyon, 1680, in-12, rare.
Traité des Jardins, ou le nouveau la Quintinye, Paris, 1775, 2 vol. in-8.
Theatrum Floræ, in-folio, 1 vol. fig. veau éc. d. sur tr.
Jules obséquent des prodiges, Lyon, de Tournes, 1555, in-8, veau doré.
Osservazioni naturali da D. Paolo Boccone, in Bologna, 1684, rare.

Recherches & Obfervat. Naturelles de M. Boccone, traduct. du précédent. Amfterd. 1674,
in-8 , fort rare.
Curiofités de la Nature & de l'Art, par Vallemont, 2 vol. in-12,

Traités finguliers de Médecine, Pharmacie.

De la Génération de l'homme. — Des Mois des femmes, par Sylvius & Hypocrate, Paris,
1559 , in-8.
Les Œuvres d'Hippocrate , trad. en franç. avec des remarques , par Dacier, Paris , 1697,
2 vol. in-12.
Le Médecin de foi-même, ou l'Art de fe conferver la fanté par l'inftinct, Leyde, 1682 ,
in-16 , rare.
Lettres fur la certitude des fignes de la mort, où l'on raffure les Citoyens de la crainte d'être
enterrés vivans, par M. Louis, Paris, 1752 , in 12.
Severini Pinæi de Integritatis & Corruptionis Virginum notis, gravitudine & partu, Paris,
1597 , in-12. rare.
Impuiffance de l'homme & de la femme. — Du divorce fait par l'adultere. — Diffolu-
tion du mariage par impuiffance, par Tagereau, 1656 , in-8.
Traité du Ris , contenant fon effence , fes caufes & fes merveilleux effets , par Joubert,
Paris , 1579 , in-8 , veau doré.
Traité de la maladie d'amour , ou de la mélancolie érotique, avec les remedes qui lui
font propres , par J. Ferrand, Paris , 1623 , in-8 , maroq. rare.
J. Henr. Meibomii de flagrorum ufu in re veneria, in-12, maroq.
Traité de l'ufage du lait , par B. Martin, Apoticaire, Paris , 1684 , in-12 , pas commun.
Traité nouv. & cur. du Caffé, du Thé & du Chocolat, par Dufour, in-12.
Hiftoire du Tabac, Paris, 1677, in-12.
Paradoxe de la faculté du vinaigre , Lyon , 1549, in-8.
La Callipedie ou la Maniere d'avoir de beaux enfans, in-8.
Traité des Eunuques , 1707, in-12.
Orchitomologie , ou Difcours de l'amputation des tefticules , par Jac. Roland de Bilebat,
Saumur, 1615 , in-12, veau fauv.
Hiftoire anatomiq. d'un enfant qui a demeuré vingt-cinq ans dans le ventre de fa mere,
Blegny, Paris, 1679 , in-12.
Traité de la morfure du chien enragé , qui enfeigne les caufes & fignes du mal de la rage
avec la maniere de s'en préferver, par Marin Hamel, Lifieux, in-12 , v. fauv.
Difcours de l'ivreffe & ivrognerie — Enfemble la maniere de carouffer & les combats
bacchiques des anciens yvrognes, par Moufin , à Toul, 1612 , in-8 , cur. fing. & rare.
L'Eloge de l'ivreffe , 1715 , in.8. pas commun.
Les Erreurs populaires fur la Médecine, par Joubert & Bachot, 2 vol. veau doré.
Embriologie facrée, ou Traité du devoir des Prêtres, des Médecins & autres, fur le falut
des enfans qui font dans le fein de leur mere, 1 vol. in-12 , fig.
De l'indécence aux hommes d'accoucher les femmes Trevoux, 1708 , in-12.
Dictionnaire des drogues, par Lemery, Paris , in-4.
Pharmacopée univerfelle, par le même, Paris , 1763 , in-4 , 2 vol.
Thériaque d'Andromachus, Paris, 1668 , in-12 , curieux & peu commun.
Le Royal Sirop de pommes, antidote des paffions mélancoliques, par Gab. Droyn, Paris ,
in-8 , veau fauve.
Ouvr. de Peneloppe ou Machiavel en Médecine, 1748 , 3 vol. in-12 , fort rare.
Caracteres des Médecins , ou l'idée de ce qu'ils font communément, & celle de ce qu'ils
devroient être, par la Mettrie, Paris , 1760 , in-12.
Politique des Médecins de Machiavel , ou le Chemin de la fortune ouvert aux Médecins,
par la Mettrie , in-12.
Satire contre les Charlatans, & Pfeudo-Médecins, Empiriques, en laquelle font découvertes les rufes & tromperies de tous Thériacleurs, Alchymiftes, Chymiftes, Paracelfiftes,
Extracteurs de quinteffences, Fondeurs d'or potable, Maîtres de l'élexir & telle per-
nicieufe engeance d'Impofteurs , &c. par Thom. Sonnet, 1610, in-8 , curieux & fingul.
La Police de l'Art & Science de Médecine, contenant la réfutation des erreurs & infignes
abus qui s'y commettent, Paris , 1580 , in-8.
Apologie pour les Médecins contre ceux qui les accufent de déferrer trop à la nature &
de n'avoir point de Religion , Paris , 1663 , in-12, maroq.
Les Médecins à la cenfure, ou Entretiens fur la Médecine, Paris , 1677, in-12 , v. d.
Dif. de l'or. des mœurs, fraudes & imp. des Charlatans, dédié à Tabarin, P. 1722, in-8, bf.

Secrets.

Les fecrets d'Alexis , Piémontois , in-8.
Les fecrets & remedes éprouvés, par l'Abbé Rouffeau , Paris, 1718, in-12.

Secrets de Médecine & de Philofophie Chimique, par Liébaut, 1628, in-8.
Petit & grand Albert, Lyon, 1729, in-12.
La Magie naturelle, par J. B. Porta, Néapolitain, trad. en françois, in-12.
Albert moderne, ou Nouveaux Secrets éprouvés, Paris, 1769, in-12.
Dict. dé l'induftrie, cont. nombre de fecrets cur. pour l'économie & les befoins de la vie, Paris, 1776, 3 vol. in-8.
Traité de la Diftillation & des Odeurs, par M. Déjean, 2 vol. in-12.
La Chymie du goût & de l'odorat, P. 1774, in-8.
Dict. des Alimens, Vins & Liqueurs, avec la maniere de les apprêt, P. 1750, 3 vol. in-12.
Amufemens de la Campagne, p. Liger, Paris, 1753, 2 vol. in-12.
La Phyfique occulte, ou Traité de la Baguette divinatoire, la Haye, 1762, 2 vol.

Alchymie.

Hift. de la Phifophie Hermetique, accompagnée d'un Catalogue raifonné des Ecrivains de cette fcience, Paris, 1744, 3 vol. in-12.
Œuvres complettes de Bernard Palifly, Paris, 1777, 1 vol. in-4.
Alchimia Andreæ Libavii, Francofurti, 1506, in-fol. fig.
Les Œuvres chimiques de David de Planis Campy, Paris, 1645, fol.
Mich. Majeri fecretioris naturæ fecretorum, fcrutinium chymicum, Franc. 1687, in-4. fig.
Ejufdem, Lufus ferius quo Hermes five Mercurius Rex Mundanorum omnium judicatus & conftitutus, Oppenh. 1616, in-4.
Ejufdem, jocus feverus, hoc eft Regnum Noctuæ, Francofurti, 1617, in-4.
Les Arcanes, tirés de la plus fublime philofophie, lefquels concernent tant la fcience que la phyfique, la fympathie & la caballe, Manufcrit, in-4.
Le Paradis terreftre. — Le grand miracle de la nature métallique. — L'or potable. — Et le Tréfor philofophique de la Médecine métallique, par Gab. de Caftaigne, Paris, 1661, in-8.
La Théotecnie ergocofmique, c'eft à dire, l'Art de Dieu en l'ouvrage de l'Univers — ou Phyfique réfolutive, vulgairement dite Chymie, par Annibal Barlet, Paris, 1653, in-4, fig.
Mutus liber in quo tamen tota Philofophia hermetica figuris hieroglyphicis depingitur, in-fol. 1677, très-rare.
L'Efcalier des Sages, ou Tréfor de la Philofophie des anciens, avec fig. en taille-douce, Cologne, 1693, in-fol.
L'Ouverture de l'Ecole de Philofophie tranfmutatoire métallique, par David Planif-campy, Paris, 1633, in-8.
La Doctrine de Paracelfe & de fes Archidoxes, Par. 1724, in-12.
De la tranfmutation métallique, trois anciens Traités en rithmes françoifes, Paris, 1561, in-12, très-rare.
Le texte d'Alchymie & le Songe Verd, Paris, 1695, in-12, rare.
La Pyrotechnie, ou Art du Feu, Rouen, 1627, in-4.
La Turbe des Philofophes, ou le Code de vérité — La parole délaiffée de Bernard Trevifan — Les deux Traités de Corneille Drebel, avec le très-ancien duel des Chevaliers, Paris, 1672, in-12.
Elémens de la Philofophie de l'Art du Feu, ou Chimique, par J. Hellot, Paris, 1651.
Œconomie des trois Familles du monde fublunaire — Contre toute fauffe Philofophie Naturelle, Alchimie, Cabale, Aftrologie judiciaire, Charmes, Prédictions, Sortileges & Athéifme, Paris, 1625, in-8.
Le Triomphe Hermétique, ou la Pierre Philofophale victorieufe, Amft. 1689, in-12.
Harmonie & Conftitution générale du vrai Sel, Secret des Philofophes. — Poëme Philofophique de la vérité de la Phyfique Minérale — Cofmopolite. Traité du fouffre, la Haye, 1639, in-12, bonn. édit.
Le Proiet du plan de la Création du monde, où l'on verra quantité de curiofités inouies, & plufieurs merveilles du Paradis terreftre, par François du Soucy, Paris, 1653, in-8.
Effais de Me Jean Pagez fur les miracles de la création du monde, & fur les plus merveilleux effets de la nature, Paris, 1651, in-8.
Le trompette françois, 1609 — & le Miroir des Alchimiftes où l'on voit les erreurs qui fe font en la recherche de la Pierre Philofophale, par le Chevalier Impérial, 1609, in-12, très-rare.
Examen des principes des Alchimiftes fur la Pierre philofophale, Paris, 1611, in-12.
La Nature dévoilée, ou Théorie de la Nature, Paris, 1772, 2 vol. in-12.
Le Pilote de l'Onde vive — & le Tombeau de Semiramis, Paris, 1689, in-12.
Le grand & dernier Art de Raymond Lulle, P. 1634, in-8.
Le petit Œuvre Cabalift. de Raymond Lulle, ou Introd. à toutes les Sciences, P. 1632, in-12.

Secreta secretorum Raymundi Lullii, Coloniæ, 1592, in-8.

Naturæ sanctuarium quod est, Physica hermetica, ab Henrico Nollio, Francof. 1619, in-8, rare & curieux.

Alchemiæ quam vocant artisque metallicæ doctrina certusque modus, Basileæ, in-8, fort rare.

Quercetanus redivivus hoc est, Ars Medica Dogmatico-Hermetica ex Quercetani scriptis digesta, Francof. 1679.

Hist. critique de Nicolas Flamel, & de Pernelle sa femme, Par. 1661, in-12.

Diction. Mytho Hermerique, dans lequel on trouve les Allégories, Enigmes des Philosophes Hermétiques, expliqués, Paris, 1758, in-8.

La Chiave del Cabinetto, del Gioseppe Francesco Borri, Colon. 1681, in-12. mar. rare.

Mathématique.

La Science du calcul des grandeurs en général, par le même, 1714 & 1736, in-4, 2 vol.

Cours de Mathématique à l'usage de l'artillerie & du génie, par Belidor, P. 1757, in-4, 1 v.

Nouveau Traité de Trigonométrie rectiligne & sphérique, par M. de Parcieux, Paris, 1741, in-4.

Application de l'Algebre à la Géométrie, par Guinée, in-4, fig.

Analyse des infiniment petits, par le Marquis de l'Hôpital, in-8.

Traité des Forces mouvantes, Paris, 1722, in-8, fig.

Principes sur le Mouvement & l'Equilibre — Mouvemens des Corps Célestes, Terrestres & de la Lumiere, par Trabaud, Paris, 1743 & 1753, 4 vol. in-8.

Elémens des Mathématiques, par Prestet, 2 vol. in-4.

Relation de deux voyages faits en Allemagne par ordre du Roi, par M. de Cassini de Thury, Paris, 1763, in-4.

Astrologie.

Traité Astrologique des jugemens des themes genetliaques pour tous les accidens qui arrivent à l'homme après sa naissance, &c. Paris, 1657, in-8.

Astrologie naturelle du Comte de Pagan, Paris, 1659, in-8.

De la vraie & fausse Astrologie, Poitier, 1579, in-8.

De l'Astrologie judiciaire, par Bordelon, Paris, 1689, in-12.

Prognosticatio Joannis Liechtenbergers, anno 1526, in-4, orné de 45 figures, livre rare.

Vaticinia, sive Prophetiæ abbatis Joachimi cum imaginibus ære incisis, Venetiis, 1589, in-4 fig.

Les vraies Centuries & Prophéties de Michel Nostradamus, in-12.

La Clef de Nostradamus, 1710, 1 vol. in-12.

Epitome des cinq livres d'Artemidore, traitant des songes — & le livre d'Angust. Niphe des divinations & augures, Paris, 1575, in-16, v. doré.

Ludicrum Chiromanticum prætorii : seu Thesaurus Chiromantiæ locupletissimus, 1661, in-4, fig.

Musique, Peinture, Architecture.

Elémens de Musique suivant les principes de Rameau, par d'Alembert, in-8.

Art & Science de la vraie proportion des Lettres Attiques, 1549, in-12, fig. rare.

La Tachéographie, ou l'Art d'écrire aussi vîte qu'on parle, Paris 1691, rare.

La Cryptographie, contenant une très-subtile maniere d'écrire sécretement, Tolloze, 1644, in-12.

Dictionnaire de Peinture & d'Architecture, par M. de Marsy, 2 vol. in-12.

Traité de la Peinture & de la Sculpture, par Richardson, Amst. 1728, 3 tom. 2 vol. in-8.

Art de peindre, par Watelet, in-4, gr. pap. fig. veau fauve.

Le même, in-12, maroq. jolie édition.

Lud. Smids Pictura loquens, sive heroïcarum Tabularum Hadriani Schoonebeeck Enarratio & Explicatio, Amstel. 1695, in-8, 60 fig.

Recueil de charges & de têtes de différens caracteres, gravées à l'eau-forte, d'après les desseins de Léonard de Vinci, Paris, 1767, in-4.

Méditation sur la Passion de J. C. & sur la douleur de Marie, en Espagnol, Rome, 1733, figures de Callot.

Tableau des différens états de la vie, représenté en 110 figures, avec un huitain en Allemand, in-8, 1574, veau fauv.

De omnibus illiberalibus, sive mechanicis artibus, humani ingenii sagacitate atque industria liber, Francofurti, 1574, in-12, orné de 133 figures, rare.

Les Simulachres & Historiées Faces de la mort, Lyon, 1538, in-8, fig. maroq.

Elegantes variorum Virgilio-Ovidio Centones. — Zodiacus Christianus — Memorare novissima, 1617, 1618, in-8, maroq. fig. gravées d'après Sadeler.

Dictionnaire d'Architecture Civile, Militaire & Navale, par M. Roland de Virloy, Paris,

1771, 3 vol. in-4. gr. pap. 1 vol. de planches.
Architecture pratique par M. Bullet, 1 vol. in-8.

Art Militaire.

Histoire Militaire de Flandre, par le Chevalier Beaurain ; Paris, 1755 ; 2 vols in-fol. gr. pap. maroq. bl.
Hist. du Vicomte de Turenne, par Ramsay, Amst. 1771, 4 vol. in-12, fig. maroq.
Rêveries du Maréchal de Saxe, 2 vol. in-4. éc. fil.
Esprit des loix de la Tactique, la Haye, 1740, 2 vol. in-4.
Mém. de Dugay-Trouin, Lieutenant Général des Armées navales de France, 1740, in-4, fig. gr. pap. maroq. roug.
Mémoires Historiq. Militaires & Politiques de l'Europe, par l'Abbé Raynal, Amst. 1754, 3 vol. in-12.
Mem. hist polit. & militaires sur la Russie, p. le Général Manstein, Lyon, 1772, 2 vol. in-8.
Mem. de M. le Marquis de Feuquiere, Lond. 1736, 4 vol. in-12.
Les Militaires au-delà du Gange, par M. Delolooz, 1770, in-8. 2 vol. fig.
Dictionnaire Militaire portatif, par D. B. Paris, 1758, in-8, 3 vol.

Arts différens.

Petite Encyclopédie, ou les Elémens des connoissances humaines, 1766, 2 vol. in-12.
Sciences des Personnes de la Cour, de l'Epée & de la Robe, 8 vol. in-12.
Art de la Verrerie, par Kunckel, in-4, fig. en papier d'Hollande.
Traité des Feux d'artifice pour le Spectacle, Paris, 1747, in-8.
Ecole de Cavalerie, par la Guériniere, in-fol. fig. & in-8, 2 vol.
L'Art de la Cavalerie, ou la Maniere de devenir bon Ecuyer, par M. Saunier, Amst. 1756, 1 vol. in-fol. fig.
Philippica, ou Heras des chevaux, de Jean Tacquet, Ecuyer, Anvers, 1614, in-4, fig. v. doré.
Le Parfait Maréchal, par M. Garsault, in-4, fig.
Le Manœuvrier, ou Essai sur la Théorie & la Pratique des mouvemens du navire, & des évolutions navales, par M. Bourdé de Villehuet, Paris, 1769, in-8. fig.
Pascasii justi de alea, Elzev. 1642, in-16.
Trois Dialogues de l'exercice de sauter & de voltiger en l'air, par Archange Tuccaro, Paris, 1599, in-4, fig. rare & singulier.

BELLES-LETTRES.

Grammaires, Dictionnaires.

Trésor de l'Histoire des langues de cet Univers, par Claude Duret, Iverdun, 1619, in-8.
Anatasii Kircheri prodomus Coptus, Romæ, 1636, in-4.
Ejusdem lingua Ægyptiaca restituta, Romæ, 1643, in-4.
Ortographiæ Ratio ab Aldo Manutio Paulli, Venetiis ald. 1566, in-8, rare.
Dictionnaires latins de Danet, Novitius, in-4. Boudot, in-8.
Différentes Grammaires françoises, Restaut, Duclos, Wailly, in-12.
Remarques sur la langue françoise, par l'Abbé d'Olivet, in-12.
Le grand Dictionnaire universel, appellé le Dictionnaire de Trevoux, Paris, 1771, 8 vol. in-fol.
Dictionnaire de l'Académie, 1772, 2 vol. in-4.
Dictionnaire de Richelet, 1759, 3 vol. in fol.
Diction. portatif de la Langue françoise, extrait du Dict. de Richelet, refondu & augmenté par de Wailly, Lyon, 1775, 2 vol. in-8.
Dictionnaire françois & latin, par Joubert, par le Brun, par Danet, in-4.
L'Apparat Royal, in-8.
Traité de l'Ortographe françoise, en forme de Dictionnaire, par Restaut, 1 vol. in-8.
Le Diction. grammatical de la Langue françoise, par Feraud, 1761, in-8.
Manuel lexique, par l'Abbé Prévost, 2 vol. in-8.
Dictionnaire des rimes, par Richelet, in-8.
Grammaires & Dictionnaires Italiens, par Antonini, Veneroni, Alberti.
Jo. Joachimi Schroderi thesaurus linguæ armenicæ, antiquæ & hodiernæ, Amst. 1711, in-4.

Rhétorique.

Œuvres de M. Toureil, contenant les Philipiques & autres Harangues de Démosthene & d'Eschine, trad. en franç. 1721, 2 vol. in-4.
M. T. Ciceronis opera omnia, Lugd. Bat. Elzevir, 1642, 10 vol in-12. maroq.
M. Tullii Ciceronis Cato major, 1758, —— De Amicitia, 1771, —— De Officiis, 1773, Barbou, 3 vol. in-16 minutissimis caracteribus, mar. r.

Toutes les traductions de Cicéron, contenant la nature des Dieux, 2 vol. —— Les Tuscu-
lanes, 2 vol. —— Les Oraisons & Catilinaires, 4 vol. —— Les Offices, 1 vol. —— De
la vieillesse, de l'amitié, &c. 1 vol. —— Epîtres familieres, 5 vol. —— Lettres à Atticus,
4 vol. —— Les Pensées, 1 vol. —— Remarques sur Cicéron, 1 vol. —— Vie de Cicéron,
4 vol. le tout par les meilleurs traducteurs —— D'Olivet, Mongaut, Wailly, de
Barrett, l'Abbé Prevost, le tout en 25 vol. in-12, des dernieres éditions, v. doré.
M. F. Quinctiliani de oratoria instut. Capperonnier, 1725, in-fol.
Quintilien, de l'institution de l'Orateur, traduit par Gedoin, Paris, 4 vol in-12.
Harangues choisies des Historiens latins, p. l'abbé Millot, 3 vol. in-12.
Rhétorique, par le P. Lamy —— par Gibert —— & à l'usage des Demoiselles, in-12.
L'art du Poëte & de l'Orateur, nouv. Rhétorique à l'usage des Colleges, Lyon, 1766, in-8.

Poëtes Grecs.

Les quatre Poétiques, avec la traduction de M. l'Abbé le Batteux, in-8. 2 vol. écaille
filets. gr. papier.
Le Théatre des Grecs, par P. Brumoy, 6 vol. in-12.
Homeri Opera quæ extant gr. & lat. Amst. Wetstein, 1707, 2 vol. in-12, maroq.
L'Iliade & l'Odissée d'Homere, trad. en vers françois par M. de Rochefort, Paris, 1772
& 1777, 4 vol. in-8.
L'Iliade, traduction nouvelle, Paris, 1776, 3 vol. in-4. fig. de Cochin, mar. bleu.
Les Poésies d'Anacréon & de Sapho, trad. par Madame Dacier, Amst. 1716, in 8. v. doré.
Anacréon, Sapho, Bion, & Moschus, traduction nouvelle en prose, suivie de la veillée
des Fêtes de Vénus & d'un choix de pieces de différens Auteurs, orné de 25 fig. d'après
Eisen, 1 vol. in-4. Exemplaire en papier de Hollande.
Callimachi Hymni, gr. lat. cum notis variorum, edit. Ezech. Spanhemio, Ultrajecti,
Halma, 1697, 2 vol. in-8.
Œuvres complettes de Démosthene & d'Eschine, tr. en fr. Par. 1777, 5 vol. in-8. v. doré.
Œdipe, Tragédie de Sophocle, & les Oiseaux, Comédie d'Aristophane, trad. par M. Boi-
vin, Paris, 1729, in-12.

Poëtes latins.

Poëtæ satyrici minores de corrupto Reipublicæ statu, Lug. Bat, 1633, in-16, v. f.
La belle Collection des Auteurs latins, ornée de planches, vignettes, cul-de-lampes, &c.
gravés par Cochin & autres, imprimée par les Barbou, 57 vol. in-12, veau doré sur
tranche. Chaque Auteur se vendra séparément.
Plauti Comœdiæ, Plantin, 1566, 2 vol. in-12, maroq.
Les Œuvres de Plaute, en latin & françois, enrichies de figures & de remarques, p. H. P.
de Limiere, Amst. 1719, 10 vol. veau fauve, bel exempl.
Comédies de Plaute, trad. en franç. par Madame Dacier, Paris, 1683, 3 v. in-12, mar. r.
Les mêmes Comédie de Plaute, trad. par de Gneudeville, Leyde, 1719, 10 v. in-12, v. d.
Pub. Terentii Comœdiæ, Elzev. 1635, in-12.
Les Comédies de Térence avec la traduction & les remarques de Madame Dacier, Rot-
terdam, 1717, 3 vol. in-8. fig. de Picard.
Lucrece, traduction nouvelle par de la Grange, Paris, 1768, 2 vol. in-12.
L'Anti-Lucrece, par le Cardinal Polignac, trad. du latin, par M. de Bougainville, 2 vol.
P. Virgilii Maronis Opera, Elzev. 1636, in-12, mar. bonne édit.
Œuvres de Virgile, traduites en françois, avec le texte à côté, par l'Abbé Desfontaines,
4 vol. in-12.
Virgile travesti, en vers burlesques par Scarron, Paris, 1752, 3 vol. in-12.
Quintus Horatius Flaccus, Baskerville, 1762, in-12, maroq.
Quinti Horatii Flacci Opera, à Joan. Bon. Elz. 1676, in-12, mar.
Ejusdem Horatii Opera, cum Dan. Heinsii notis, Elz. 1629, 3 vol. mar.
Quinti Horatii Flacci, Opera, Londini, æneis tabulis incidit Johannes Pine, 1733 &
1737, 2 vol. in-8. premiere édit. mar. bleu, dentelle, doublé de taby, superbe exempl.
Q. Horatii Flacci Opera, (minutissimis characteribus edita) Parisiis, ex Typographiâ
Regiâ, 1733, in-16.
Œuvres d'Horace en lat. & en fr. trad. par M. Dacier, Paris, 1709, 10 vol. in-12, v. fil.
Les Poésies d'Horace en latin & en françois, trad. par le P. Sanadon, avec des remarques
& des Dissertations, Paris, 1728, 2 vol. in-4. gr. pap. v. doré, ou 8 vol. in-12.
Traduction des Œuvres d'Horace, en vers françois, Paris, 1752, 5 vol. in-12. exem-
plaire imprimé sur pap. d'Hollande, & rel. en maroq. rouge.
Publii Ovidii Nazonis Opera, Lugd. bat. Elvezir, 1629, 3 vol. in-12, maroq.
Les Métamorphoses d'Ovide, lat. franç. par M. l'Abbé Bannier, ornées de fig. gravées en

taille-douce, par Bern. Picart, Amsterd. Vestein, 1732, 2 vol. in-fol. de grand form. maroq. vert, édition magnifique, & superbes épreuves.

Les Métamorphoses d'Ovide, traduit par l'Abbé Bannier, Amst. 1732, 3 vol. in-12, édition d'Hollande, avec de jolies figures.

Les Métamorphoses d'Ovide, lat. franç. de la traduction de M. Bannier, Paris, 1769, 4 vol. in-4. belle édition, ornée de vignettes.

Métamorphoses d'Ovide en rondeaux, ornées de figures gravées en taille-douce, par Sébastien Leclerc, Amst. 1679, in-8.

Les XXI Epîtres d'Ovide, translatées de latin en françois, par l'Evêque d'Angoulême, Paris, 1633, in-8. mar. citron.

Le Phedre de David Hoogstratanus, Amst. 1701, 1 vol. in-4. orné de 108 figures en médaillon très-bien gravées & de beaucoup d'autres ornemens, mar. rouge.

Phædri Fabulæ (minutissimis caracteribus editæ) Par. ex Typog. Reg. 1729, in-16, g. p.

M. Annæi Lucani Pharsalia cum noris hug. grotii & Richardi Bentleii. Strawberry Hill, 1760, 1 vol. in-4. mar. édit. mag.

Pharsale de Lucain en vers françois, par M. Brebeuf, Leyde, (Elzev.) 1658, in-12, m.

Lucani Pharsalia translata & edita in vulgari sermone metrico, per Reverend. in Christo patrem ac Dominum L. de Montichiello, Cardinalem, Romæ per Eucharium Gilbert alias Franck, 1492, in-4. mar. r. Ce volume est regardé comme la premiere version en italien qui ait été donnée de ce Poëte.

Les Satyres de Perse & de Juvenal, traduites par le P. Tarteron, Paris, 1752, in-12.

Marcelli Palingenii Zodiacus vitæ, Rotterd. Hofout, 1722, in-8.

Joannis Joviani Pontani, Opera poëtica, Veneriis in ædibus Aldi, 1513 & 1518; 2 vol. in-8. mar. rouge.

Theodori Bezæ Vezelii poëmata juvenilia, in-16, sans date, connu sous le nom de l'édition à la tête de mort, mar. rouge, dentelle.

Dominici Baudii Amores, Elzevir, 1638, in-12, maroq.

Ovenii Epigrammata, Elzevir, 1647, in-12, maroq.

Poëtes Macaroniques.

Hist. Macaronique de Merlin Cocaie, avec l'horrible bataille des Mouches & des Fourmis, trad. en françois, Paris, 1706 ou 1734, 2 vol. in-12, maroq.

Antonius de Arena Provencalis de Bragardissima Villa de soleriis ad suos Compagnones, &c. 1670, in-12, bonne édition, maroq.

L'Eschole de Salerne en vers burlesques, & Poëma Macaronicum de bello Hugenotico, 1660, in-12.

Chaos de l'Tri per uno (Folingi) Ven. 1527, in-8. fort rare.

Poëtes François.

L'Art Poétique, de Jacques Peletier du Mans, Lyon, de Tournes, 1555, in-8.

Le Jardin de Plaisance & Fleur de Rhétorique, contenant plusieurs pieces d'ancienne poésie, Lyon, Arnoullet, sans date, in-fol. Gothique.

Recueil des plus belles piéces des Poëtes françois, depuis Villon jusqu'à Benserade, Paris, 6 vol. in-12.

Recueil de Poésies satyriques par les Sieurs Sigognes, Regnier, Motin, Berthelot, Maynard & autres, au Mont-Parnasse, 2 vol. in-12, maroq.

Le Parnasse des Poëtes satyriques, 1625, in-8. mar. très-rare.

Le Roman de la Rose, ouvrage d'ancienne poésie françoise. — Et la Chastelaine du Vergier, composé en rimes françoises, mss. sur vélin de la plus belle conservation, in-fol. mar. rouge.

Cy est le Roman de la Rose, où tout l'art d'Amour est enclose, Paris, Jean Petit, 1526, in-fol. gothiq. mar. fig.

Le Roman de la Rose, Paris, Galliot Dupré, 1529 (Lettres rondes) in-8. très-rare, bien conservé.

Le même Roman de la Rose, Paris, 1537, in-8. goth. très-belle édit. mar. rouge.

Le Champion des Dames, livre plaisant, copieux & abondant, par Martin Franc, Paris, Galliot Dupré, 1530, in-8. maroq.

Le Champion des Dames, par Martin Franc, in-4. mar. bien conservé, très-rare.

Le Parement & Triumphe des Dames d'honneur, contenant les Pantoufles d'humilité, les Souliers de soins. les Chausses de persévérance, le Jarretier de ferme propos, la Chemise d'honnêteté, le Corset ou la Cotte de chasteté, la Piece de bonnes pensées, le Lacet de loyauté. la Gorgerette de sobriété, &c. Paris, Jehan Petit, 1510, in-8. goth. m. r.

Les Œuvres de Maître Alain Chartier, Paris, Galliot Dupré, 1529, in-8, Lettres rondes.

Les Œuvres complettes d'Alain Chartier, tant en vers qu'en profe, avec des Annotations, par André Duchefne, Paris, le Mur, 1617, in-4.

Faits & dits de M. Alain Chartier, compofés en douze livres, Paris, 1523, pet. in-4. got.

Le Pélerinage de Humaine Lignié, par Guill. de Guigneville, Moine de l'Abbaye de Chaalis mff. fur vélin, de l'année 1331, in-4. mar. rouge.

Recueil des Poëtes françois, imprimé par Coutelier : Coquillart, Pathelin, Faifeu, Villon, Martial de Paris, Crétin, J. Marot & Racan, 10 vol. in 12, mar. rouge.

Maître Pierre Pathelin, reftitué à fon naturel, le grand Blafon des fauffes Amours, le loyer des folles Amours, Paris, 1532, in 16, lettres rondes, mar. jaune.

Le grand Teftament de Maître François Villon & le Petit, fon Codicile, avec le jargon & fes ballades, & le recueil des Repües franches, Paris, fans date, in-16, got.

Les Lunettes des Princes, compofées par Jean Mefchinot, in 8. fans date, bel exemplaire.

Les Menus propos de Mere fote, par P. Gringoire, 1528, in-8. très-rare.

Contredits du Prince des fots, autrement dit Songe-creux, Paris, Galliot Dupré, 1530, in-8. goth. maroq.

Les faits & dits de feu de bonne mémoire Maître Jehan Molinet, Paris, 1537, in-8. goth. maroq. rouge, très rare.

Les mêmes, in 4. goth.

La Danfe aux aveugles & autres Poéfies du XVe fiecle, 1748, in-8. pas commun.

Sermons joyeux d'un Dépuceleur de Nourrice, & plufieurs autres pieces en rimes franç. Lyon, 1610, in-8. maroq. fort rare.

Le Jugement poétique de l'honneur féminin, par le traverfeur des voies périlleufes, Poitiers, 1538, in 8. maroq. fort rare.

Les Œuvres de Clément Marot, Lyon, 1538, in-8. goth. mar. citron, rare.

Les Œuvres de Marot, la Haye, 1731, 4 vol. in-4. gr. pap. mar. rouge.

Plufieurs traités par aucuns nouveaux Poëtes du différent de Marot, Sagon, & la Hueterie, dont Apologie du grand Abbé des Cornards, le Rabais du caquet de Flipelippes, &c. 1537, in-16, jolie édit.

Les Marguerites de la Marguerite de Princeffe très-illuftre Roine de Navarre, Lyon, de Tourne, 1554, in 16, 2 vol. maroq. bel exempl.

Les Œuvres de Louife Labé, Lyonnoife, furnommée la belle Cordiere, Lyon, 1762, 8.

Les Mots & Sentences dorées, du Maître de Saigeffe Caton, Lyon, 1537, in-16, goth. mar. r.

L'Efpadon fatyrique, par le Sieur Defternod, Cologne, 1680, in-12, mar. fort rare.

Les nouveaux Satires & Exercices gaillards de ce tems, Rouen, 1637, in-12, m. rare.

Les Œuvres & Meflanges poétiques de Pierre le Loyer Angevin, enfemble la Comédie Nephelococugie ou la Nuée des Cocus, Paris, 1579, in-12, rare.

Amour de Cupido & de Pfiché, hiftoriée en vers françois & italiens. — Le Plaint du Paffionnaire infortuné, avec aucuns épigrammes de divers propos d'amour, Paris, 1567, in-16, fig.

Rondeaux nouveaux jufques au nombre de 103, contenant plufieurs menus propos de deux vrais amans, depuis le commencement de leurs amours jufqu'à la mort de la Dame, Paris, in-12, goth.

La Lyre du jeune Apollon, ou la Mufe naiffante du petit de Beauchateau, Paris, 1657, in-4. enrichi de 22 portraits.

Les Œuvres de Guillaume de Salufte, Seigneur du Bartas, Paris, 1583, in-12.

Satyres & autres Œuvres de Mathurin Regnier, Londres, 1729, in-4. g. p. & in-12, 2 vol.

La Pucelle, ou la France délivrée, poëme par Chapelain, Paris, 1657, in-12.

L'ami fans fard qui confole les affligés, en vers burlefques, par Jacques Jacques, Lyon, 1664, in-12.

Le Villebrequin de Maître Adam, Menuifier de Nevers, Paris, 1663, in-12, maroq.

Les Chevilles de Maître Adam, Menuifier de Nevers, Paris, 1644, in-4. rare, & in-8.

Poéfie de Malherbe, Paris, Barbou, in 8. belle édit.

Les Œuvres de Malherbe, avec les Obfervations de Ménage, & les Remarques de Chevreau, fur les Poéfies, Paris, 1723, 3 vol. in-12.

Œuvres de M. Honorat de Beuil, Sr de Racan, Paris, Couftelier, 1724, 2 vol. in-8. rare.

Poéfies diverfes du Sieur Fureriere, Paris, 1655, in-4. mar. cit. dent.

Œuvres complettes de M. de la Fontaine, Anvers, 1726, 3 vol. in-4. gr. pap. v. fauve.

Les belles Fables de la Fontaine, avec les figures d'Houdry, in-fol. 4 vol. v. f. doré.

Fables de la Fontaine, Anvers, 1688, 2 vol. in-8. fig. maroq. prem. édit.

Les Nouvelles en vers, par de la Fontaine, avec les belles fig. gravées d'après Eifen, Amft. 1761, 2 vol. in-8. mar. rouge, des prem. épreuves.

Les mêmes, Amfterd. Defbordes, 1685, 2 vol. in-8. v. f. figures de Romain de Hooge, édition originale.

Les Œuvres de Nicola Boileau Defpréaux, avec des éclairciffemens hiftoriques, donnés

par lui-même, &c. édition ornée de figures & cul-de-lampes, gravés par Bernard Picard,
Amsterd. Mortier, 1718, 2 vol. in-fol. prem. édit. maroq.
Les mêmes Œuvres de Boileau, Amsterd. 1729, 2 vol. in-fol. maroq. bleu.
Les mêmes Œuvres de Boileau, enrichies de figures, gravées par Bernard Picard, la Haye,
1722, 4 vol. in-12, bonne édition, maroq. rouge.
Œuvres de Boileau Despréaux, édition donnée par M. de Saint-Marc, enrichie de fig.
gravées d'après les deffins de B. Picard, Paris, in-8. 5 vol. v. d.
Noels en langage Bourguignon, in-12. maroq.
Œuvres de Jean-Baptiste Rouffeau, édition donnée par M. Séguy, Paris, 1753, 4 vol.
in-12, grand pap.
Œuvres complettes de J. B. Rouffeau, in-12, 5 vol.
La Henriade, avec les variantes, 2 vol. in-18, connu fous le nom de la Henriade des dam-
nés, à caufe de la note du Chant 7e, fol. 138, qui ne fe trouve que dans cette édition.
La Henriade, nouv. édition, avec les belles fig. d'Eifen, 2 vol. in-8, figures avant la Lettre,
La même, Londres, 1728, in-4, grand pap. fig. v. f. d. f. t.
Œuvres completes de M. le Cardinal de Bernis, Londres, 1767, in-8, gr. pap. mar.
Œuvres du Philofophe Sans-Souci, 4 vol. in-12, & 3 vol. in-8.
Œuvres de Greffet, 2 vol. in-12.
Œuvres de l'Abbé de Chaulieu, la Haye, 1774, 2 vol. in-8.
Œuvres de M. Segrais, Paris, 1755, in-12, 2 vol.
Œuvres de M. de Moncrif, Paris, 1768, in-12, 4 vol. fig.
Contes nouveaux & Nouvelles nouvelles, Anvers, in-12, très-jolis Contes.
Les Contes & Œuvres diverfes de Vergier, Amft. 1742, in-12, 2 vol.
Œuvres de Madame du Bocage, augmentées du poëme d'Abel, Lyon, 1770, in-8. 3 vol.
Poéfies de l'Abbé de l'Attaignant, 4 vol. in-12.
Œuvres de M. Dorat. — Baifers. fig. — Contes. — Déclamation. — Fantaifies. — Lettres
d'une Chanoineffe. — Malheurs de l'Inconftance. — Sacrifice de l'amour, 9 vol. in-8,
petit format, doré fur tranché, fig.
Les Baifers précédés du mois de Mai, poëme de M. Dorat, la Haye, 1770, in-8, mar. fig.
Les Graces, Paris, 1769, in-8, gr. pap. fig. de premieres épreuves, mar. rouge.
Les Saifons, poëme, fuivies de Contes, Fables & Piéces fugitives, par M. de S. Lambert,
Amft. 1775, in-8, gr. pap. fig. veau doré.
Les Apropos de la fociété & de la folie, 1776, 3 vol. in-8, mar. r.
Poéfies fur la Conftitution Unigenitus, 1724, 2 vol. in-8. mar. bleu.
Recueil de Chanfons, 4 vol. in-12.
Salmi Littéraire, 3 vol. in-8, mff.

Théâtres.

Hiftoire du Théâtre françois, par F. & Cl. Parfait, Paris, 1734, 15 vol. in-12, v. f.
Hiftoire de la Comédie & de l'Opéra, où l'on prouve qu'on ne peut y aller fans péché,
1697, in-12.
Bibliot. du Téâtre franç. depuis fon origine, Drefde, 1768, 3 vol. in-8, p. d'Holl. éc. filets.
La pratique du Théâtre, par l'Abbé d'Aubignac, Amft. 1715, 2 vol. in-8, g. p.
Diction. de Théâtre, 7 vol. in-12.
Le Myftere des Actes des Apôtres & l'Apocalipfe de S. Jean, mis par perfonnages, en rime
françoife, Paris, les Angeliers, 1541 3 tom. 1 vol. in-fol.
Le triomphant Myftere des Actes des Apôtres par perfonnages, Paris, 1537, 1 vol. in-fol.
maroq. rouge, exemplaire précieufement confervé.
Les Œuvres & Mélanges poëtiques d'Et. Jodelle, Lyon, 1583, in-16, mar. édit. rare. &
Paris, 1574, in-4.
Les Tragédies de Robert Garnier, in-16, maroquin.
Théâtre de P. & Th. Corneille, Paris, 19 vol. in-12.
Les Chefs-d'œuvres de Corneille, 3 vol. in-12, v. f. d. f. t.
Le même Théâtre de P. Corneille, avec les comment. de Voltaire, Géneve, 1774, in-4,
8 vol. veau fauve, doré fur tr.
Le même P. Corneille, avec les commentaires de Voltaire, 1764, 12 vol. in-8. fig.
Œuvres de Moliere, Paris, 1734, 6 vol. in-4, fig. prem. édit.
Les mêmes, avec des remarq. & des obferv. par M. Bret, ornées de fuperbes figures, Paris,
1773, 6 vol. in-8, mar.
Les mêmes Œuvres de Moliere, Paris, 8 vol. in-12.
Œuvres de J. Racine, ornées de fig. & vig. Paris, 1760, 3 vol. in-4, gr. pap. mar. r.
Les mêmes de Racine, Elzev. 1682, 3 vol. in-12, maroq.
Les mêmes, avec les Commentaires de M. Luneau, Paris, 1768, 7 vol. in-8, fig. magn.
épreuves avant la lettre. mar.

C

Les mêmes Œuvres de Racine, Paris, 3 vol. in-12,
Œuvres de Crébillon, Paris, Imprimerie Royale, 1750, 2 vol. in-4, complets.

Théâtre de Crébillon, in-12, 3 vol.
Théâtre de Lafont, 1 vol. in-12.
Théâtre de la Chaussée, 5 vol. in-12.
Théâtre de Boursaut, 3 vol. in-12.
Théâtre de Boissi, 9 vol. in-8.
Théâtre de Marivaux, 5 vol. in-12.
Théâtre de Baron, 3 vol. in-12.
Théâtre de Pradon, 2 vol in-12.
Théâtre de Montfleury, Par. 4 v. in-12,
Théâtre de Pannard, 4 vol. in-12.
Théâtre de Boindin, 2 vol. in-12.
Théâtre de Poisson, 2. vol. in-12.
Théâtre de Campistron, 3 vol. in-12.
Théâtre de Piron, 2 vol. in-12.
Théâtre de Dancourt, 12. vol. in-12.
Théâtre de Palissot, 3 vol. in-12
Théâtre de la Grange-Chancel, 5 vol. in-12.
Théâtre de Poinsinet, 2 vol. in-8.
Théâtre de Guyot-de-Merville, 3 vol. in-12,
Théâtre de Saint-Foix, 4 vol. in-12.
Théâtre de le Grand, 4 vol. in-12.
Théâtre de Voltaire, 7 vol. in-12.
Théâtre de la Tuillerie, 1 vol. in-12,
Théâtre de Fagan, 4 vol. in-12.
Théâtre de la Fosse, 2 vol. in-12.
Théâtre de le Sage, 2 vol. in-12.

Théâtre de M. l'Abbé de Voisenon, Paris, 1753, in-12.
Théâtre de M. Saurin, Paris, 1772, in-8.
Théâtre de Regnard, la Haye, 1729, Moetjens, 2 vol. in-12, mar.
Le même, Paris, in-12, 4 volumes.
Théâtre de Destouches, Imprimerie Royale, in-4, 4 vol.
Le même, 10 volumes in-12.
Le Théâtre des Boulevards, ou Recueil des Parades, 3 vol. in-12,
Nouv. Théâtre de la Foire, ou Recueil de Piec. Parodies & Opera-Comiq. Paris, 1763,
    5 vol. in-8,
Œuvres de Théâtre de le Mercier, conten. le Déserteur, l'Indigent, le Faux Ami, Jenne-
    val, Olyndre & Sophronie, Drames, ornés chacun d'une très-jolie fig, in-8, 2 vol. mar.
Œuvres complettes d'Alexis Piron, Paris, 1776, 7 vol. in-8, v. doré.
Les Proverbes Dramatiques de M. Carmontel, 6 vol. in-8.
Recueil de tous les Opéra, 16 vol. in-12.
Celestina Tragi-Comedia de Calisto y Melibea, trad. en fr. avec le texte esp. 1633, in-8, r.
Œuvres Dramatiques d'Apostolo Zeno, trad. de l'italien, Paris, 2 vol. in-12,

Poëtes Italiens, Anglois, Allemands & Espagnols.

Canti XI composti dal Bandello delle lodi della signora Mucrezia Gonzaga di Gazuolo, e
    del vero amore == le tre parche da Esso Bandello. *Agen*, per Anton. Reboglio, 1545.
    in-8, carta maj. mar. a compartiments, dans une boîte de mar. r. *libro rarissimo*.
Poësie Volgari nuovamenté stampate, di morenzo dé Medici, che fu padre di Papa Leone,
    in Venegia, 1554, in-8, maroq.
Les Triumphes de Messire Franç. Petrarque, transl. de langaige Tuscan en françois, Paris,
    1554, in-16, fig. lav. reg. mar.
La Gierusalemme liberata di Tasso, con fig. di Bern. Castelli, Lond. Tonson, 1724, 2
    vol. in-4, mar. rouge.
La Gerusalemme liberata di Torquato Tasso, Parig. 1771, 2 vol. in-8, fig.
Jerusalem délivrée, poëme héroïq. du Tasse, trad. en franç. Paris, 1771, 2 vol. in-12.
Roland le Furieux, poëme trad. de l'Ariofte, la Haye, 1741, 4 vol. in-12.
Roland l'Amoureux, traduit de l'Italien, in-12, 3 vol.
Il Pastor Fido, trad. en franç. avec l'Italien à côté, 2 vol. in-12, jol. édit.
L'Adone del Marino, Elzev. 1678, 4 vol. in-16, maroq.
Aminta di Torquato Tasso, Elz. 1678, in 16, maroq.
Il Candelaio, Comedia del sig. Bruno Nolano, 1582, in-12, recherché.
Qualtro Comedie di Pietro Aretino : Cioë : il Marescalco ; la Cortigiana ; la Talanta e
    l'Hipocrito, 1588, in-8, rare.
Poésie del signor Abate Pietro Metastasio, Parigi, 1755, in-8, 10 vol. la plus belle édition
    & très-difficile à trouver, pap. d'Holl. rel. en mar. vert.
Les mêmes, Paris, 1773, in-12, 6 vol. jolie édit. veau fauve.
Œuvres de métastase, traduites en françois, 12 tom. en 6 vol. in-12.
Paradise Lost — Paradise regain'd, tke aut. John Milton, Baskerville, 1760, 2 v. in-8, maj.
Paradis perdu de Milton, trad. en franç. par Dupré de S. Maur, 4 vol. in-12.
Œuvres de Pope, trad. de l'Anglois, Amst. 8 vol. maroq. fig.
Le Théâtre de William Shakespéar, en Anglois, London, 1773, 10 vol. in-8, rel. mag.
Les Œuvres & Nuits d'Young, trad. de l'anglois par M. le Tourneur, Paris, 4 vol.
La Lusiade du Camoens, 1768, in-12, 3 vol.
Choix de Poésies allemandes, par Huber, Paris, 1766, 4 vol. in-8.

Tewrdanncths, ou les Avantures périlleuses de ce fameux héros, écrite en vers teutoniques par Melchior Pfintzing, & ornées de belles figur. allégor. en bois, Nuremberg, 1517, in-fol. mar. cit. Ouvrage dont la rareté est généralement & depuis long-temps reconnue.

Mithologie & Fables, Apologues.

Le Temple des Muses, où font représentés les événemens remarq. de l'antiquité fabuleuse, en 60 Tableaux gravés par B. Picard, Amft. 1733, gr. in-fol. prem. édit.

Fables d'Esope, 2 vol. in-12, fig.

Esope en belle-humeur, ou traduction de ses Fables en profe & en vers, avec de très-jolies fig. 1700, Bruxelles, Fopp. 2 vol. in-8, reliés en un, maroq.

Les Fables de Pilpay, Paris, in-12, rare.

Fables Nouvelles, par M. de la Motte, Paris, 1719, in-4, g. p. fig. de Coïpel & autr. v. d.

Facéties, Plaifanteries, Hiftoires comiques, plaifantes & récréatives.

Les Contes du Poge Florentin, Amft. 1712, in-12, maroq. rare.

Facetie di Poggio Fiorentino, 1547, in-8, veau fauve.

Scelta di facezie tratti Buffonerie, motti, e burlé. Cavate da diverfi autori, in Firenze, 1579, in-8, maroq.

Les Contes & les nouvelles Récréations & joyeux Devis de Bonav. Defpériers, Amft. 1735, 3 vol. in-12.

Œuvres de M. François Rabelais, contenant la vie de Gargantua & de fon fils Pantagruel, la Pronoftication Pantagrueline avec l'Oracle de la Dive Bacbuc & le Mot de la bouteille — & autres Piéces, Lyon, 1584, in-16, 1 vol. divifé en 4, maroq. ou Anv. 1579, i v.

Les mêmes Œuvres de Rabelais, Elzev. 1663, 2 vol. in-16, mar.

Les mêmes Œuvres de Rabelais, in-8, 5 vol. belle édition.

Les Œuvres de Rabelais, mifes à la portée de la plupart des Lecteurs, avec des éclairciffemens, Amfterd. 1752, 8 vol. in-12.

Les Songes drolatiques de Pantagruel, conten. 120 fig. de l'invention de Rabelais, & dernierе œuvre d'icelui pour la récréation des bons efprits, Paris, 1565, in-8, mar. bl. pet. vol. fort rare quand les 120 figures s'y trouvent.

Plaidoyers & Arrêts d'amour, contenans cinquante-un Arrêts d'amour, de Martial d'Auvergne, le cinquante-deuxiéme par le Pamphile, & le cinquante-troifiéme donné fur le Réglement des arrérages requis par les femmes à l'encontre de leurs maris, par l'Abbé des Cornards de Rouen, &c. 1731. in-12.

Les Contes facétieux du fieur Favoral, Paris, in-12, maroquin, rare.

Lettres facétieufes & fubtiles de Cæfar Rao, Rouen, 1609, in-16, mar.

Les Contes & Difcours d'Eutrapel, & les rufes & fineffes de Ragot, Capitaine des gueux, par Noël Dufail, Seigneur de la Heriffaye, 1732, 3 vol. in-12.

Recueil général de quaquets de l'accouchée, mis par ordre en huit après-dînées, Poitiers, Abraham moufin, 1630, in-8, mar. fort rare.

Les Privileges du Cocuage, ouvrage néceffaire tant aux cornards actuels qu'aux cocus en herbe, in-12, 1 vol. pas commun.

Entretiens galans, contenans le Langage des têtons, le Dialogue du fard & des mouches, d'un grand miroir & d'un miroir de poche, du mafque & des gands, Paris, 1664, in-12.

Les Serées de Guillaume Bouchet, fieur de Brocourt, où font contenues diverfes matieres fort récréatives, &c. Paris, 1695, 3 vol. petit in-12.

Les Heures perdues d'un Cavalier François, dans lefquelles les efprits mélancoliques trouveront des remedes propres pour diffiper cette fâcheufe humeur, 1662, in-12, mar.

Les Heures de récréations & après dinées de Louis Guicciardin, Anv. 1594, in-16, maroq.

Les Œuvres ou Fantaifies de Brufcambille, in-12, 1 vol. mar.

Les Penfées facétieufes & les bons mots du fameux Brufcambille, Colog. 1741, in-12, mar.

Recueil général des Œuvres & Fantaifies de Tabarin, contenant fes farces & demandes facétieufes avec leurs réponfes, avec celles du Baron de Grattelard, in-12, rec. fing. rar.

Les fubtil. & facét. rencontres de J. B. Difciple du géné. Verboquet, Paris, 1630, in-12, m.

Les mondes céleftes, terreftres & infernaux, édit. augm. du monde des cornus & de l'enfer des ingrats, Lyon, 1583, in-8.

Procès & amples Examinations de Carême-prenant, & autres Piéces joyeufes, 1609, in-8, mar. très-rare.

Goingam, ou l'Homme prodigieux tranfporté dans l'air, fur la terre & fous les eaux, augmenté du Grand Chemin de l'Hôpital, Amft. 1713, 2 vol. in-12, mar. rare.

Le plaifant Bocage, contenant plufieurs contes, gofferies, brocards, caffades & graves fentences de gens de tous états, Lyon, 1600, in-12. maroq.

Les Œuvres complettes de Don Francifco de Quevedo, contenant le Coureur de nuit, l'Avanturier Buscon, les Lettres du Chevalier de l'Epargne & les Sept Visions, trad. de l'Espagnol, par le sieur Raclots, in-12, fig.

Les Bigarures & Touches du Seigneur des Acords, avec les Apophtegmes du sieur Gaulard, & les Escraignes Dijonnoises, 1662, in-12, m. r.

L'art de désopiler la Rate, *sive de modo caca e prudenter*, en prenant chaque feuillet pour se T. le D. in-12. maroq. la bonne édition.

La Raison de tout ce qui a été, est & sera, 1739, in-12, 2 vol. avec la Table en marge.

Les Jeux de l'Incognu, — Le Herti; — La Blanque des Marchands meslés qui doit s'ouvrir le Dimanche de Carême-prenant, &c. Paris, 1630; *Ride, Tace*, très-singulier.

Le Livre sans nom, Lyon, 1595, in-12, veau f. d. s. tr.

Pluton Maltotier, Cologne, 1708, in-12, mar.

L'Art de Voler sans aîles par toutes les régions du monde, Par. 1707, in-12.

Les Partisans démasqués, nouvelle plus que galante, Cologne, 1710, in-12.

L'art de plumer la poule sans crier, 1710, in-12, mar.

Les Libertins en campagne, Mémoires tirés du pere de la Joye, 1710, in-12, veau f.

Roger-Bontems en belle humeur, donnant aux tristes le moyen de chasser leurs ennuis, & aux joyeux le secret de vivre contens, par M. de Roquelaure, Amst. 2 vol. in-12, rel. en 1.

Momus François, ou les aventures de Roquelaure, in-12, mar.

Almanach Nocturne, à l'usage du grand monde, in-12. maroq.

Relation du Royaume de Coquetterie & du Siége de Beauté, Paris, 1655, in-16.

La fameuse Compagnie de la Lésine, — & la Contre-Lésine, Paris, 1618, 2 vol. in-16.

Le Langage muet, ou l'Art de faire l'amour sans parler, sans écrire & sans se voir, Middelbourg, 1688, in-12.

Les Visions Italiennes, tirées du sieur Doni, Paris, 1634, in-8, veau f. d. s. t.

Le Tombeau de la Mélancolie, ou le vrai Moyen de vivre joyeux, Par. in-8, v. d.

La Chasse-ennui ou l'Honnête Entretien des bonnes compag. 1662, 1 vol. in-12, mar. tar.

Recueil de Facéties de M. le Comte de Caïlus : savoir, Mem. de l'Académie des Colporteurs. — Recueil de ces Dames. — Recueil de ces Messieurs. — Le Pot-pourri de ces Dames & de ces Messieurs. — Histoires nouvelles & Mémoires ramassés. — Les Feëries nouvelles. — Les Contes Orientaux. — Les Etrennes de la S. Jean. — Les Ecosseuses ou les Œufs de Pâques. — Mem. de l'Académie de Troye. — Tiran le Blanc; en total, 13 vol. in-12, mar. r.

Contes & Nouvelles.

Il Decameron di M. Giovani Boccaccio, nuovamente cotretto & condiligentia stampato, in Firenze giunti, 1527, in-8 maggiore, mar. bleu, doublé de mar. rouge.

Decamerone di Bocaccio, Elzev. 1665, in-12, maroq.

Le Decameron de J. Bocace, Londres, 1757, 5 vol. in-8, ornés de très-belles fig. mar.

Le même en italien, 5 vol. in-8, fig. mar.

Contes & Nouvelles de Bocace, avec les fig. de Romain de Hooge, Colog. 2 vol. in-8, mar.

Les cent Nouvelles nouvelles, avec les fig. de Rom. de Hooge, Cologne, 2 vol. in-8, mar.

Nouvelles en vers par La Fontaine, avec les fig. de Romain de Hooge, Amst. 2 v. in-8, m.

Contes & Nouvelles de Marg. de Valois, fig. de Rom. de Hooge, Amst. Gallet, 2 v. in-8.

L'Heptameron des Nouvelles de Très-Illustre & Très-Excellente Princesse, Marguerite de Valois, Reine de Navarre, Paris, 1560, in-4, mar. doublé de mar.

Les Nuits facétieuses de J. F. Straparolle, trad. par Pierre de Larivey, Paris, Langeliet, 1585, in-16, mar. vert.

Les facétieuses Nuits de Straparole, contenant plusieurs beaux Contes, trad. par Pierre de Larivey, Champenois, Amst. 1726, 2 vol. in-12.

Le Printems d'hiver, petit vol. in-16. très-rare.

L'Eté de Benigne Poissonot, contenant plusieurs Hist. & Propos récréatifs tenus par trois Ecoliers, Paris, 1583, in-16.

Romans d'Amour, de Chevalerie & autres.

Les Amours past. de Daphnis & Chloé, trad. du grec de Longus en franç. par Jacq. Amyot, Ouvrage enrichi de fig. en taille douce, gravées par B. AUDRAN, sur les desseins de M. le Duc d'ORLEANS, Régent du Royaume, 1718, in-8°. mar. édition du Régent.

Amours de Theagenes & Chariclée, hist. Ethiopique, Londres, 1743, 2 vol. in-8, v. dor.

Les Amours d'Ismene & d'Ismenias, trad. du grec, 1743, in-8, v. doré.

Les Amours d'Abrocome & d'Anthia, hist. Ephésienne, trad. de Xenophon, 1748, in-8, v. r.

Les Soupés de Daphné & les Dortoirs de Lacédémone, Anecdotes Grecq. 1740, in-12, mar.

Les Affections de divers Amans, trad. du grec, 1743, in-8, v. d.

(21)

Les Aventures de Télémaque, par M. de Fénelon, avec les superbes figures de Bernard
    Picard, 1664, Amsterd. in-fol. 1 vol. mar. dent. prem. édit. exempl. magnif.
Les Aventures de Télémaque, avec des notes critiques & historiques, Rotterdam, Hof-
    hout, ou Amst. Westhein, 1725, in-12, fig. édition recherchée des curieux, très-rare.
Leon Hebrieu de l'Amour, Lyon, 1551, in-8.
Amours diverses, par le sieur des Escuteaux, Rouen, 1613, in-12, maroq.
L'Astrée de Messire Honoré Durfé, 1616, 5 vol. in-8.
Les Azolains de M. Bembo, Paris, 1572, in-16.
Le Roman du vaillant Lancelot du Lac, Chevalier de la Table-Ronde, Paris, Jean Petit,
    1520, 3 tom. en 2 vol. in-4.
Histoire du Vaillant Chevalier Tirán-le-blanc, Londres, 2 vol. in-8.
L'Hist. & Chronique du petit Jehan de Saintré, & de la jeune Dame des Belles Cousines,
    sans autre nom nommer, avec l'Histoire de Messire Floridan & de la belle Ellinde, & l'ex-
    trait des Chroniques de Flandres, Paris, sans date, in-4, goth. très-rare.
Les 21 premiers Livres du Roman d'Amadis des Gaules, 1577, & années suiv. 21 vol. in-16.
    —— Les tomes 22, 23 & 24, Paris, 1615, 3 vol. in-8. —— Le Trésor des 21 premiers
    Livres, Lyon, 1606, 2 vol. in-16. Ces trois articles forment ensemble la collection com-
    plette de ce fameux Roman; elle est reliée en maroq. roug.
Le nouveau Tristan, Prince de Léonnois, Chevalier de la Table-Ronde, & d'Yseulte,
    Princesse d'Irlande, Reine de Cornouaille, Paris, 1554, in-fol.
Le Roman des Chevaliers de la Gloire, par Franç. de Rosset, Paris, 1612, in-4, v. d.
Les Gestes, Faits & nobles Conquêtes du Preux, hardi & redouté Chevalier Geoffroi à la
    grand'Dent, Seigneur de Lusignan, Lyon, 1580, in-8, rare.
Hist. du très-vaillant & redouté Dom Flores de Grece, surn. le Chevalier des Cignes, &c.
    Paris, 1573, in-8, mar. rouge.
Hist. de Gerilaon d'Angleterre, Paris, 1586, in-8.
Histoire du Chevalier Prince Gerard & de la Princesse Euriant de Savoye, sa mye, Paris,
    1729, in-8.
Les hauts Faits d'Esplandian, Amst. 1751, 2 tom. en 1 vol. in-12.
Hist. du Chevalier de la Plume noire, Amst. 1744, in-12.
Hist. de l'admirable Donquixotte de la Manche, avec les Nouvelles de Cervantes, Amster.
    1768, 8 vol. in-12. fig. de Coypel, sup. édit. maroq.
Hist. de l'admirable Donquixote de la Manche, Amsterd. Mortier, 1700, 5 vol. in-12,
    fig. maroq. vert.
La même, édition de Paris, 6 vol. in-12.
Le Combat de Mutio Justinapolitain, avec les réponses chevaleresses, Lyon, 1582, in-8.
Les épreuves du sentiment, contenant XI. Histoires, avec une très-jolie figure à chaque,
    par M. Darnaud, 2 vol. in-8. v. f.
Les Contes des Fées, par Madame Daunoy, Paris, 4 vol. in-12.
Histoire de Cléveland, par l'Abbé Prévost, 6 vol. in-12.
Le Doyen de Killerine, par l'Abbé Prévost, 1771, 6 vol. in-12.
Mém. d'un Homme de qualité, suivis de Manon Lescaut, par l'Abbé Prévost, 8 vol. in-12.
Pamela ou la Vertu recompensée, par l'Abbé Prévost, Par. 1774, 4 tom. 2 vol. in-12.
Les Lettres de Miss Clarisse Harlove, par l'Abbé Prévost, in-12, 12 vol. rel. en 6.
Histoire de Gilblas de Santillane, par le Sage, 4 vol. in-12, fig.
Tomes Jones, ou l'Enfant trouvé, par M. de la Place, 1767, 4 vol. in-12.
Histoire secrette des Femmes galantes de l'Antiquité, 6 vol. in-12.
Les Illustres Françoises, histoires véritables, 4 vol. in-12.
Les mille & une Nuits, 6 vol. — Les mille & un Jours, 5 vol. — Les mille & une Soirées,
    3 vol. — Les mille & une Heures, 2 vol. in-12.
Les mille & une Faveurs, Contes de Cour, tirés de l'ancien Gaulois, par la Reine de
    Navarre, Londres, 1740, 8 tomes en 4 vol. in-12, maroq.
Mémoires du Chevalier de Ravanne, Liege, (Holl.) 1740, 2 vol. in-8.
Le Roman Comique de Scarron, Paris, 1757, 3 vol. in-12.
La Chasse au Loup de Monseig. le Dauphin dans les plaines d'Anet, Col. 1665, in-12, m.
Ibrahim ou l'illustre Bassa, Paris, 1723, 4 vol. in-12, fig.
Lettres de Madem. de Moras, Comtesse de Courbon, la Haye, 1739, 2 vol. in-12.
Hist. Amoureuse & Tragique des Princesses de Bourgogne, la Haye, 1720, 2 vol. in-12.
Le Passe-partout galant, in-12.
Ecole des Maris Jaloux, 1698, in-12, avec la fig. du Cadenat.
Hist. de la Comtesse des Barres, Brux. 1736, in-12.
Le Jesuite à tout faire, Hist. galante, Liege, 1700, in-12, maroq.
Les Amours de Sainfroid, Jésuite, & d'Eulalie, la Haye, 1729, in-12, mar.
Intrigues Monastiques, ou l'Amour encapuchonné, la Haye, 1739, in-12.

Les Entretiens de la Grille ou le Moine au parloir, Col. 1741, in-12, mar.
La Capucinade, Hift. fans vraifemblance, in-12, mar.
Le Rafibus ou le Procès fait à la Barbe des Capucins, Col. 1718, in-12, maroq.
The Works of Henry Fielding, London, 1762, 8 vol. in-8.

Critiques, Satires, Invectives, Défenses, Apologies.

Luciani Opera omnia, gr. & lat. cum notis Variorum, ex editione Tiberii Hemfterhufii &
  Joan. Fred. Reitzii, Amft. Veftein, 1743, 4 vol. in-4, cart. magn. m. r.
Lucien, trad. par Perrot d'Ablancourt, Paris, 3 vol. in-12.
Auli Gellii noctes atticæ, Amft. Elzev. 1651, in-12, mar. r.
Priapeia, five diverforum Poëtarum in Priapum Lufus. Patavii, 1664, in-8, mar.
Pétrone, lat. & franç. avec la contre-critique, 1698, 3 vol. in-8, gr. pap.
Nebulo Nebulonum, hoc eft, joco feria nequitiæ Cenfura, Francof. 1663, in-12, fig.
Cœli Secundi Curionis Pafquillus Ecftaticus, cui accedit Pafquillus Theologafter, Tracta-
  tus utiliffimus & jucundiffimus, Genevæ, 1667, in-12, mar.
Dialogue entre S. Pierre & le Pape Jules II. à la porte du Paradis, 1727, in-12.
Meukenii de Charlataneriâ Eruditorum, Amft. 1716, in-12.
Apologie pour Hérodote, ou Traité de la conformité des merveilles anciennes avec les
  modernes, par Henri Etienne, la Haye, 1735, 3 vol. in-8, mar.
Hiftoire de Pierre de Montmaur, par M. de Sallengre, la Haye, 1715, in-8, 2 vol. fig.
Le Conte du Tonneau par le fameux Docteur Swift, la Haye, 1757, 3 vol. in-12.
Le Docteur Gelaon, ou les Ridicules anciennes & modernes, Lond. 1738, in-12.
La Mufique du Diable, Paris, 1711, in-16.
Almanach du Diable pour l'année 1737, avec la critique & la contre-critique, in-12, m.
Petri Aretini, Pornodidafcalus, de aftu nefario, horrendifque dolis quibus impudicæ
  mulieres juventuti incautæ infidiantur, in-12, rare.
Rome Amour, ou la Doctrine des Dames & Courtifanes Romaines, A. 1690, in-12, m. r.
Les Honnêtetés Littéraires, &c. &c. &c. 1767, in-8, v. doré.
La Berluë, Londres, à l'enfeigne du Linx, in-8, v. f. d. f. tr.
Entretiens des Cheminées de Paris, la Haye, 1736, in-8.

Differtations fingulieres, philologiques, critiques, allégoriques & enjouées.

Procès entre Bélial, Procureur d'enfer, contre Jéfus, in-8, fig. très-rare.
L'Eloge de la Folie, trad. du latin d'Erafme, 1751, 1 vol. in-4, fig. v. d.
Eloge de la Folie, trad. en françois d'Erafme, 1 vol. in-12, fig.
Eloge de l'Enfer, Ouvrage critique, hiftorique & moral, la Haye, 1759, 2 vol. in-12, fig.
Laus afini, Elz. 1629, mar.
Difpute d'un Afne contre Frere Anfelme Turmeda, touchant la prééminence de l'homme
  pardevant les autres animaux, Pampelune, 1606, in-16.
Les Gymnopodes, ou de la nudité des pieds par Sébaft. Roulliard, Paris, 1724, in-4.
La Magnifique Doxologie du Feftu, par Séb. Rouillard, Paris, 1610, in-8, maroq.
L'Antiquité des Larrons, ouvrage non moins curieux que délectable, trad. de D. Garcia
  par Daudiguier, Paris, 1621, 1 vol. in-8, mar. r. rare.
L'Hofpital des Fols Incurables, où font déduites de point en point toutes les folies, tant
  des hommes que des femmes, trad. de Gardoni, 1620, in-8, fort rare.
Le grand Myftere, ou l'art de méditer fur la garderobe, renouvellé & dévoilé par l'ingé-
  nieux Docteur Swift, la Haye, 1729, in-12, mar.
La Contre-mode de M. de Fitelieu, tête, yeux, bouches, oreilles, mains, pieds, conver-
  fion, religion, Dieux, corps, efprit à la mode, Paris, 1642, in-16, mar. r.
Les cent premieres Nouvelles & Advis de Parnaffe, où font admirables inventions, gen-
  tilles métaphores & plaifans difcours, Paris, 1615, in-8.
Le Cabinet de Minerve, par Beroalde de Verville, Tours, 1596, in-12.
Le Monde dans la Lune, 1655, 1 vol. in-12.
L'Homme dans la Lune, 1648, 1 vol. in-12.
Les doctes & fubtiles Réponfes de Tœgio, Lyon, 1577, in-16.
L'Ecole de l'Interêt & l'Univerfité d'Amour, Songes véritables ou Vérités fongées, par le
  Petit, Paris, 1662, in-12, rare.
Varfovie Ridicule & autres pieces. — La Voix de la Nature & de la Raifon. — Lettres
  fur la Création de l'Arbre de vie &c. Lond. 1740, in-12, 1 vol. pas com.
Effai Hift. Crit. Philolog. Polit. Moral. Litt. & Galant fur les Lanternes, Dol. 1755, in-12.
Hift. du Prince Apprius, par M. Efprit, la Haye, 1729, in-8, mar.
Hier. Rorarii quod animalia bruta melius homine ratione utantur. Libri duo, in-8.
Tractatus varii de Pulicibus, in-12, maroq. avec la fig.

Traité critique & apologétique de l'un & de l'autre sexe.

Les Triumphes de la Noble Dame Amoureuse, & l'Art d'honnétement aimer, composé par le Traverseur des voyes périlleuses, 1563, in-8, très-rare.

Satyre Ménippée, sur les poignantes traverses du mariage, par le Sieur de Courval, Paris, 1621, in-8.

Les abus du mariage où sont représentées les subtilités deshonnêtes, tant des femmes que des hommes, dont ils usent pour se tromper l'un l'autre, fr. & holl. 1641, in-4, jol. fig.

De l'Heur & Malheur de Mariage, par J. de Marconville Percheron, P. 1571, in-8, r.

Le Tableau du Mariage représenté au naturel, 1635, in-12, mar.

Traité de l'Excellence du Mariage & de sa nécessité; où l'on fait l'apologie des Femmes contre les calomnies des Hommes, Amst. 1685, in-12.

La Nasse dans laquelle sont détenus plusieurs personnages de ce tems, par Franç. Rosset, ou les 15 joyes du mariage, Paris, 1620, in-16, mar.

Les quinze Joyes du mariage. —— Le Blason des fausses amours. —— Le Loyer des folles amours, la Haye, in-12, pas commun.

Les secrettes Ruses d'amour, où est montré le moyen de faire les approches, & entrer aux plus fortes places de son empire, &c. Paris, 1599, in-16, mar. fort rare.

Dictionnaire d'amour dans lequel on trouvera l'explication des termes les plus usités dans cette langue, la Haye, 1741, in-12.

Art de rendre les femmes fidelles, Paris, 1713, in-12, mar.

Disputatio perjucunda, qua anonymus probare nititur mulieres homines non esse, cui opposita est Defensio sexus Muliebris 1638, in-12.

Paradoxe où l'on tâche de prouver que les femmes ne sont pas de l'esp. hum. 1766, in-12.

Le grand Dictionnaire des Précieuses, par le sieur de Somaise, avec la clef, Paris, 1661, 2 tom. en 1 vol. in-8, mar.

Alphabet de l'imperfection & malice des femmes, par Jacq. Olivier, Paris, mar.

Apologie des Dames appuyée sur l'Histoire, Paris, 1737, in-12.

Apothéose du beau Sexe, 1711, in-8.

Défense du beau Sexe, ou Mémoires Hist. Philosophiq. & Critiq. pour servir d'apologie aux Femmes, Amst. 4 tom. 2 vol in-12, maroq.

Egalité des deux Sexes. —— De l'excellence des hommes. —— De l'excellence des femmes, in-12, 3 vol. mar.

L'ami des Femmes & l'Ami des Filles, 1759, 1761, 2 vol. in-12.

Traité contre le Luxe des Coëffures, Paris, in-12.

Le Voyage racourcy de trois Bourgeoises de Paris, avec leurs ruses & finesses découvertes par leurs maris, Paris, in-8, mar. v.

Cinquante Jeux divers d'honnête entretien : tels que le Jeu de l'Amant & de l'Amante, de l'Epoux & de l'Epouse, de la Chasteté & de la Maquerelle, &c. par Rhingier, & mis en franç. par Hubert-Philippe de Villiers, Lyon, 1555, in-8. maroq. rouge, très-rare.

Adages, Proverbes & Collection de rencontres, bons mots & emblêmes.

Dictionnaire comique, satyrique, critique, burlesque, libre & proverbial, par le Roux, Lyon, 1752.

Iconologie, ou la Science des emblêmes, devises, &c. par César Ripa, Amst. 1698, 2 vol. in-12, enrichis d'un très grand nombre de fig.

Tablettes de la Vie & de la Mort, Lyon, 1611, in-16, mar.

Santoliana ou Bons Mots de Santeuil, in-12.

Le Passe-tems agréable, ou nouveau choix de bons mots, &c. Amst. 1743; 2 v. in-12, v. f.

Pensées Ingénieuses du P. Bouhours, 1 vol. in-12.

Polygraphes.

Les Essais de Montaigne, la belle édition de Bruxelles, Foppens, ou Amst. Michiels, 1659, 3 vol. in-12, belle marge, mar.

Les mêmes Essais de Montaigne, avec les notes de Coste, Paris, 3 v. in-4, gr. pap.

Les mêmes Essais de Montaigne, avec les notes de Coste, Lond. 1754, 10 v. in-12, exemp. imprimé sur pap. de Holl. & relié en mar. —— Les mêmes, 10 vol. édit. ordinaire.

Œuvres de S. Evremond, Lond. Tonson, 1709, 3 vol. in-4, gr. pap. mar. rouge.

Œuvres de M. l'Abbé de S. Réal, Paris, 1757, 8 vol. in-12.

Œuvres diverses de P. Bayle, la Haye, Husson, 1727, 4 vol. in-fol. édit. d'Hollande.

Les Œuvres de Fontenelle, 11 vol. in-12.

Œuvres de Messire Houdard de la Motte, 11 vol. in-12.

Œuvres complettes de Scarron, Amst. Wetstein, 1712, 7 vol. in-12, mar.

Œuvres complettes de Voltaire, 30 vol. in-4, broc. en carton.
Œuvres compl. de J. J. Rousseau, édit. de Paris, 1764, 19 vol. in-8.
Mélange de Littérature de d'Alembert, Amst. 1770, 5 vol. in-12.
Recueil de divers Ouvrages en prose & en vers, par le P. Brumoi, Par. 1741, 4 vol. in-12.
Les Œuvres du P. Rapin, la Haye, 1735, in-12, 3. vol.
Œuvres de l'Abbé de Bellegarde, 14 vol. in-12.
Opere Scelte di Ferrante palavacino, Cioé. — La Pudicitia schernita. — La Rettorica delle Puttane. — Il Divortio celeste. — Il Corriero sualigiato. — La Baccinata. — Dialogo traduc soldati. — La disgratia del Conte d'Olivares. — La Rete di Vulcano. — L'Anima. Vigilia 1 & 2a, in Villafranca, 1673, 2 vol. in-16.
Le Spectateur ou le Socrate moderne, Paris, 1755, 3 vol. in-4.

Dialogues.

Desiderii Erasmi Colloquia, Roter. 1693, in-8, mar. cit.
Les Colloques d'Erasme, trad. en franç. avec de très-jolies fig. gravées en taill-douc. Leyde, 1720, in-12, 6 vol. fig. mar. rare & recherché.
Dialogues faits à l'imitation des Anciens, par Orasius Tubero (la Mothe-le-Vayer), Franc. 1606, in-4. maroq. bleu.
Les mêmes, Francf. 1716, 2 vol. in-12.
Exameron rustique, ou six Journées passées à la campagne entre des personnes studieuses, par la Mothe-le-Vayer, Colog. in-12, veau f. doré sur tr.
Dialog. & Disc. fantastiques de Justin Tonnelier, & de son ame, Par. 1575, 1 v. in-16, t. r.
Dialogues de Tahureau, non moins profitables que facétieux, 1585, in-16, mar.
Les Réponses libres aux Demandes curieuses, Paris, 1635, in-8.
Bonnes Réponses à tous propos, italiens & franç. Livre fort plaisant & délect. in-16, mar.
Théâtre Philosophique, sur lequel on représente par des Dialogues dans les Champs Elisées les Philosophes Anciens & Modernes, par Bordelon, Par. 1693, in-12.
La Circée de M. Giovan Baptista Gello, in-16, rare.

Epistolaires.

Epistolæ obscurorum virorum, & la Complainte de M. Pierre Liset, sur le trépas de son feu nez, Lond. 1710, in-8.
Lettres de Pline, & Panég. de Trajan, trad. en franç. par M. de Saci, 3 vol in-12.
Les véritables Lettres d'Abeillard & d'Héloïse, lat. fr. Paris, 1723, 2 vol. in-12.
Lettres Juives, Chinoises, Cabalistiques & République des Lettres, par le Marquis d'Argens, in-12, 28 vol.
Lettres Iroquoises, 1755, in-12, rare.
Lettres de Madame Sévigné, Paris, 8 vol. in-12.
Lettres historiques & galantes de Madame Dunoyer, 9 vol. in-12.
Lettres du Comte de Bussy Rabutin, 7 vol. in-12.
Lettres de Ninon l'Enclos au Marquis de Sévigné, 2 vol. in-12.
Lettres Amoureuses & Morales des beaux Esprits de ce tems, Par. 1612, in-12, mar.
Lettere Scritté al Signor Pietro Aretino, da Molti Signori, 1552, 2 vol. in-8, m. fort rare.

Voyages & Relations.

Dict. Géographique, par de la Martiniere, Paris, 1768, 6 vol. in-fol.
Le Voyageur François, par l'Abbé de la Porte, 22 vol. in-12.
Voyages de la Compagnie des Indes orientales, 1725, 12 vol. in-12, fig. mar. rouge.
Voyage de Schouten aux Indes orientales, Amst. 1708, 2 vol. fig.
Nouveau Voyage autour du Monde, avec une Déscription de l'Empire de la Chine, par le Gentil, 1728, 3 vol. in-12.
Voyages autour du monde par George Anson, Paris, 1764, in-12, 4 vol. fig.
Voyages d'Italie, de Dalmatie, de Grete & du Levant, par Jacob Spon & George Wheler, la Haye, 1724, in-12, 2 vol.
Voyage de Chardin en Perse & autres lieux de l'orient, nouv. édit. augm. de beaucoup de passages supprimés dans les édit. précéd. Amst. 1735, 4 vol. in-4.
Voyages faits principalement en Asie par Benjamin de Tudele, J. Carpin, N. Ascelin, Rubruquis, Marc-Paul Vénitien, Hayton, Mandeville & Contarini, avec l'Histoire des Sarazins & des Tartares, &c. par Bergeron, la Haye, 1735, 2 vol. in-4. fig.
Discours & Histoire des Navigations & peregrinations & voyages faits en Turquie, par Nicolas de Nicolay, Anvers, 1586, in-4, fig. mar. r.
Voyages de F. Bernier, contenant la description des Etats du grand Mogol, de l'Indoustan, &c. Amst. 1710, 2 vol. in-12, fig.
Voyages du Chevalier Desmarchais en Guinée, par le P. Labat, 1731, 4 vol. in-12.
Voyage aux Isles de l'Amér. par le P. Labat, la Haye, 1724, 2 v. in-4.

Voyage Hiſtorique de l'Amérique Méridionale, Ouvrage orné de fig. plans & cartes, & qui contient l'Hiſt. des Incas du Perou, &c. Amſt. 1752, 2 vol. in-4, mar.

Voyage de la mer du Sud aux Côtes du Chily & du Perou, p. M. Frezier, avec fig. 1716, in-4.

Hiſt. des Navigations aux terres Auſtrales, Paris, 1756, 2 vol. in-4, fig.

Avent. du S. le Beau ou Voyages cur. parmi les Saüv. de l'Amériq. Amſt. 1738, 2 v. in-12.

Hiſtoire des Avanturiers Flibuſtiers, 4 vol. in-12, fig.

Les Entretiens des Voyageurs ſur mer, la Haye, 1740, 4 vol. in-12.

Aventures du Chevalier Beauchefne, Par. 1732, 2 vol. in-12.

Le Voyageur philoſophe dans un pays inconnu aux habitans de la terre, par de Liſtonaï, Amſter. 1761, 2 vol. in-12.

Relation de la Nigritie, Paris, 1689, in-12, rare.

Avantures de Robinſon Cruſoé, Amſt. 1754; 3 vol. fig. édit. d'Holl.

Deſcr. hiſt. de Paris & de ſes environs, par Piganiol de la Force, Par. 1765, in-12, 10 v. fig.

Et beaucoup d'autres Voyages que la place ne permet pas de détailler.

Hiſtoire Univerſelle.

Hieronymi Wecchietti Florentini Opus de anno primitivo ab exordio mundi, ad annum Julianum accommodato : anno 1621, in-fol. mag. *Il exiſte peu de Livres auſſi rares que celui-ci : Voyez la Bibliographie de Debure, page 224, Hiſt.*

L'Antiquité des Tems rétablie & défendue contre les Juifs & les nouveaux Chronologiſtes, par Pezron, Paris, 1704, in-12.

Lettres ſur l'Hiſtoire, par Bolinbroke, 2 vol. in-8.

Principes d'Hiſtoire, par l'Englet Dufreſnoy, 6 vol. in-12.

Elémens de l'Hiſtoire, par Vallemont, 5 vol. in-12.

Les Elémens d'Hiſtoire de l'Abbé Millot, ſavoir : Hiſt. ancienne, 4 vol. — Hiſt. moderne, 5 vol. — Hiſt. de France, 3 vol. — Hiſt. d'Angleterre, 3 vol. ſe vendent ſéparément.

Art de vérifier les dates, 1770, in fol. veau éc. fil.

Juſtini Hiſtoriæ, Elz. 1640, in-12, mar.

Hiſt. univerſelle de Juſtin, traduite par l'Abbé Paul, Paris, 1774, 2 vol. in 12.

Diſcours ſur l'Hiſtoire univerſelle, par Jacq. Benigne Boſſuet, chez Séb. Marbre Cramoiſy, 1681, in-4, gr. pap. maro.

Les mêmes, Cramoiſy, 1681, in-4, pet. pap.--- Les mêmes, 2 vol. in-12.

Hiſtoire univerſelle, par le Baron de Pufendorff, Paris, 1753, 8 vol. in-4. grand pap. Cet exemplaire eſt imprimé ſur du papier d'Holl. & rel. en mar. rou.

Hiſtoire univerſelle de J. Auguſte de Thou, Lond. 10 vol. in-11.

Le Dictionnaire hiſtorique & critiq. par Louis Morery, la derniere édit. 1759, 10 vol. in-fol.

Dict. hiſt. des Hommes illuſtres, par une ſociété de gens de Lettres, Paris, 1772, 6 v. in-8.

Dictionnaire hiſtorique des Grands Hommes, par l'Abbé Ladvocat, 3 vol. in-8.

Dict. des Portraits hiſt. anecdotes & traits remarq. des Hommes illuſt. Par. 1768, 3 v. in-8.

Dictionnaire Hiſtorique & Critique pour ſervir de Supplément au Diction. de Bayle, par Chaufepied, Amſt. 1750, 4 vol. fol. mar. r.

Le Diction. hiſtorique & critique, par P. Bayle, Amſt. 1720, 4 vol. in-fol. maroq. roug.

Remarques critiques ſur le Dictionnaire de Bayle, Paris, 1752, 1 vol. in f.

Dictionn. hiſtor. critiq. & litteraire, par Prof. Marchand, la Haye, 1758, in-fol. 2 v. en un.

Hiſtoire Eccléſiaſtique.

Hiſt. du peuple de Dieu, contenant l'Ancien & le Nouveau Teſtament, par le P. Berruyer, in-4, 12 vol. gr. pap. veau doré.

Sulpicii Severi Hiſtoria ſacra, Elzevir, 1635, in-12, maroq.

Hiſtoire Eccléſiaſtique, par Fleury, in-12, 40 vol.

La même, abrégée par Racine, in-4, 13 vol. — & in-12, 15 vol.

Hiſtoire de l'Egliſe, par l'Abbé de Choiſi, 11 vol. in-4.

Hiſt. du Concile de Conſtance, par Jacques l'Enfant, Amſterd. 1727, 2 vol. in-4, enrichi de portraits, gravés par B. Picard.

Hiſtoire du Concile de Trente, de Frapaolo Sarpi, trad. en françois par le P. Courayer, Amſterd. 1751, 3 vol. in-4, gr. p.

Hiſt. du Pontificat de Grégoire le Grand, p. Mainsbourg, Holl. 1686, in-12, mar.

Hiſtoire de la Papeſſe Jeanne, 1720, in-12, 2 vol. bonne édition.

Eclairciſſement de la queſtion, ſi une femme a été aſſiſe au Siege Papal, Amſt. 1649, in-12.

Vie du Pape Alexandre VI, & de ſon fils Céſar Borgia, Amſt. 1732, 2 vol. in-12.

L'Anti-Chriſt & l'Anti-Papeſſe, par Florim. de Ræmon, Paris, Langelier, 1607, 2 v. in 8.

Conjectures de Nicolas de Cuſa Cardinal, touchant les dern. tems, Amſt. 1700, in-8. m. r.

Theatrum Crudelitatum hæreticorum noſtri temporis, Antuerp. 1587, in-4, fig. belles épr.

Histoire Ecclésiastique des Eglises réformées, par Thed. de Beze, Anvers, 1589, 3 tom.
en 5 volumes in-8. maroq.
La Religion Ancienne & Moderne des Moscovites, Amst. 1698, in-8, fig.
Hist. du Kouakerisme, avec celle de ses dogmes, Cologne, 1692, in-12.
Mém. Historiques pour servir à l'Hist. des Inquisitions, Col. 1716, 2 vol. in-12, fig.

Histoire Monastique.

Statuta Ordinis Carthusiensis, à Guigoné, Priore Carthusiæ compilata, Bazileæ, anno
1510, in-fol. cum figuris, maroq. rouge, très-rare, la partie qui renferme les privi-
leges de cet Ordre s'y trouve: l'exemplaire est très-complet & de la plus belle conserv.
Bart. de Pisis liber conformitatum vitæ, B. Francisci cum vita Jesu Christi, Mediolani in
œdibus Zanoti Castilionæi, 1513, in-fol. mar. rou exemplar. élégans.
Alcoranus Franciscorum, 1651, petit in-12, jolie édition.
L'Alcoran des Cordeliers, orné de fig. dessinées par B. Picard, 1734, in-12, 3 vol. maroq.
La Guerre Séraphique, ou l'Hist. des périls qu'à couru la Barbe des Capucins, la Haye,
1740, in-12.
Hist. Miraculeuse de Notre-Dame de Liesse, Paris, 1657, in-8, fig. mar.
Histoire de la condamnation des Templiers, par P. Dupui, Bruxelles, 1700, in-12.
Hist. de Malthe, par l'Abbé de Vertot, Paris, 1726, 4 vol. in-4, gr. pap. fig.
Hist. des Chevaliers de Malthe, par M. de Vertot, Paris, in-12, 7 vol.
Le Capucin, ou l'origine des Capucins, leurs Vœux. Régles & Disciplines examinées,
Sédan, 1641, in-8, peu commun.
Histoire de Don Inigo de Guipuscoa, la Haye, 1736, 2 vol. in-12.
L'Apocalipse de Meliton, ou Révélation des Mysteres Cénobitiques, 1668, in-12.
Hist. critique des Ordres Monastiques, 7 tom. 4 vol. in-12.
Regulæ Societatis Jesu, Romæ, 1582, in-8, Livre extrêmement rare.
Sur la destruction des Jésuites en France, par un Aut. désint. (M. d'Alembert.) 1765, in-12.
Vingt-cinq à trente piéces des plus rares sur la Société des Jésuites.

Histoire des Juifs.

Hist. des Juifs, par Flavius Joseph, trad. par Arnauld d'Andilly, Amsterd. 1681, in-fol.
avec fig. gravées en tail. douce, premiere édition; rare.
Hist. des Juifs, de la même traduc. précédente; avec fig. en taille-douce, Bruxelles, 1701,
5 vol. in-8, édit. très-belle & très-recherchée.
Hist. des Juifs, écrite par Flavius Joseph, sous le titre d'Antiquités Judaïdes, par Arnaud
d'Andilly, Amst. 1715, 5 vol. in-12.
Hist. des Juifs, par Prideaux, Paris, 1742, 6 vol. in-12, gr. pap. fig.
L'Hist. & la Religion des Juifs, par Basnage, Rotterdam, 1711, in-12.

Histoire Ancienne, Grecque & Romaine.

L'Hist. ancienne. — L'Hist. Romaine. — Et le Traité des Etudes, par M. Rollin, Paris,
1740, & années suiv. 16 vol. in-4, belle condition.
Pausanias, ou Voyage hist. de la Grece, par M. l'Abbé Gedoyn, Amst. 1733, 4 v. in-12, v. d.
Abrégé de l'Histoire Grecque, 1 vol. in-12, bon livre.
Les Hist. d'Herodote, trad. en françois, par Durier, 1713, 3 vol. in-12.
L'Histoire de Thucidide, de la Guerre du Peloponese, trad. par Perrot-Ablancourt, Paris,
1714, 3 vol. in-12.
La Cyropédie, ou Histoire de Cyrus, trad. du grec de Xenophon, par M. Charpentier,
Amst. 1661, in-12.
La Cyropedie ou l'Hist. de Cyrus, t. du grec de Xenoph. par M. Dacier, P. 1777, 2 v. in-12.
Q. Curtii Rufi historiarum Libri, Elzev. 1633, in-12, maroq.
Quint. Curce de la vie & des actions d'Alexandre-le-G. tr. en fr. par Vaugelas, 2 v. in-12.
Les Guerres d'Alexandre, par Arrian, de la trad. de Perrot d'Ablancourt, Par. 1664, in-12.
Titi Livii Historiarum Libri, Elz. 1678, in-12, maroq.
Hist. Romaine de Tite-Live, trad. par Guerin, 10 vol. in-12.
Les Concions & Harangues de Tive-Live, trad. en François, Paris, Vascosan, 1554, in-8.
L. Annæus Florus, Elz. 1638, in-12, mar.
Abrégé de l'Hist. Romaine de Florus, Paris, 1774, in-12.
C. Velleii Paterculi Historia Romana, Elz. 1639, in-12, mar.
Ejusdem Velleii Paterculi Historia Romana, Glasc. 1752, in-8, mar. vert.
Abrégé de l'Hist. Grecque & Romaine, tr. de Velleius Paterculus, par l'Abbé Paul, in-12.
C. Sallustii Opera, Elz. 1634, in-12.
Les Histoires de Salluste, trad. en fr. par M. Beauzée, avec le latin, Paris, 1775, in-12.
C. Julii Cæsaris quæ extant, Elz. 1635, in-12, mar. la bonne édit.
Caii Julii Cæsaris Opera, Glascuæ, 1750, in-fol. mar. vert, dent.

Les Commentaires de Céfar, trad. en franç. Amft. 1768, 2 vol. in-12, belle édit.
Hift. des XII Céfars de Suétone, trad. par H. Ophellot de la Paufe, Paris, 1771, 4 vol.
in-8. fuperbe édit.
Les Céfars de l'Empereur Julien, trad. du grec, fig. de Bernard Picart, Amft. 1728, in-4.
C. Cornelii Taciti opera, Elzev. 1634, in-12, m. — Eadem Taciti opera, Elzevir, 1640,
2 vol. in-12, maroq.
La trad. compl. de ce qui nous refte de Tacite, par Lableterie & d'Otteville, 8 vol. in-12.
Caius Suetonius Tranquillus, Par. 1644, ex Typographia Regia, mar. r.
Hift. des Empereurs Rom. écr. en lat. par Suétone, & tr. par Duteil, Lyon, 1689, 2 v. in-12.
Ammien Marcellin, trad. en franç. Berlin, 1775, 3 vol. in-12.
Hift. Romaine, par Catrou, Paris, 20 vol. in-12.
Révolutions Romaines, par M. l'Abbé de Vertot, in-12, 3 vol.
Hift. de l'Empereur Théodofe le Grand, par Flechier, in-12.
Vie de Julien, par l'Abbé de la Blettérie, 1 vol. in-12.
Hift. des Veftales avec un Traité du Luxe des Dames Rom. p. l'Abbé Nadal, P. 1725, in-12.
Grandeur & Décadence des Romains, par M. de Montefquieu, 1 vol. in-12.
Obfervations fur les Romains, par M. l'Abbé de Mably, 1 vol. in-12.

Hiftoire générale de France.

La Biblioth. de la France, du P. Lelong, n. éd. rev. par M. de Fontette, Par. 1768, 4 v. in-f.
Recherches fur l'Antiquité de la Nation & de la Langue des Celtes, autrement dits Gaulois,
par Paul Pezron, Paris, 1703, in-12.
Les 3 Livres des Illuftrations des Gaules & fing. de Troyes, Paris, G. Dupré, 1531, in-8, r.
Bâtimens, erecti. & fond. des villes & cités affifes ès trois Gaules, Lyon, 1590, in-16, v. d.
La Religion des Gaulois, tirée des plus pures fources de l'antiq. Paris, 1728, 2 v. in-4, fig.
Hift. de l'établiffement de la Monarchie Françoife, par Dubos, in-4, 2 vol. & in-12, 4 vol.
Le Berceau de la France, la Haye, 1744, 3 parties en 1 vol. in-12.
Traité de la Loy Salique, par C. Malingre, Par. 1618, in-8, rare, mar.
La Gaule Françoife de François Hotoman, Cologne, 1574, in-12, rare. — L'Auteur veut
prouver que la Couronne de France eft Elective & non Héréditaire.
Examen du Difcours publié contre la Maifon Royale de France, & particuliérement contre
la branc. des Bourbons, feul refte d'icelle, fur la Loi Saliq. & fucceff. du Roya. 1587, p. c.
Les anc. & modernes Généalogies des Rois de France, avec leurs épitaphes, Par. 1536, in-16.
Hiftoire de France, de Mezeray, Paris, Guillemot, 1643, 1646 & 1651, 3 vol. f. m. r. car.
Abrégé chronologique de l'Hiftoire de France, avec les portraits des Rois, par Mezeray,
Paris, 1668, 3 vol. in-4, maroq. édit non châtrée.
Abrégé de l'Hiftoire de France, de Mezeray, avec des Remarques d'Amelot de la Houffaye,
1755, 14 vol. in-12, & 4 vol. in-4.
Hift. de France depuis l'établiff. de la Monarchie Françoife dans les Gaules jufqu'à la mort
d'Henri IV, augmentée de notes & differtations, & de l'Hift. du Regne de Louis XIII,
& d'un Journal de celui de Louis XIV, par le Pere Daniel, Amfterdam, 1742, & fuiv.
24 vol. in-12, maroq. Cette édition contient autant que les 17 vol. in-4.
Hiftoire de France de Velly, Villaret, & continuée par Garnier, in-12, 24 vol.
Abrégé Chronologique de l'Hiftoire de France, par M. le Préfident Henault, ornée de
vignettes & de figures en taille-douce, Paris, 1768, 2 vol. in-4.
Le même, abrégé par M. le Préfident Henault, Paris, 1768, 3 vol. in-8, éc. filets.
Hiftoire des Guerres civiles de France, par Davila, Amft. 1757, in-4, 3 vol.
Mém. pour fervir à l'Hift. univerf. de l'Europe, depuis 1600 jufqu'en 1716, par Davrigny,
Paris, 1725, 4 vol. in-12. Difficile à trouver.
Mém. de la Vie de J. Aug. de Thou, depuis 1553 jufqu'en 1601, Amft. 1713, in-12, mar.

Regnes particuliers jufqu'à Louis XII.

La Sainte Vie & les hauts-faits de Monfeigneur S. Louis, Roi de France, 1 vol. in-8,
maroq. reliure magnifique, très-rare.
Hiftoire & regne de Charles VI, par Mademoifelle de Luffan, Paris, 1753, in-12, 9 vol.
Hift. de Charles VII, Roi de France, Paris, 1754, 2 vol. in-12.
Aureliæ urbis memorabilis ab Anglis obfidio, an. 1428, & Joannæ Viraginis Lotharingæ
rës geftæ, Aureliæ, 1650, in-8.
Hift. de Jeanne-d'Arc, dite la Pucelle d'Orléans, par l'Abbé l'Anglet du Frefnoy, in-12.
Mém. de Philippe de Comine, Elz. 1648, in-12, maroq.
Hiftoire de Louis XI, par M. Duclos, 2 vol. in-12.
Lettres de Louis XII & du Cardinal George d'Amboife, depuis 1504 jufques & compris
1514, Bruxelles, Foppens, 4 vol. in-8, portraits.

Regnes de François premier & Henri II.

Les Mémoires de Mart. & Guill. Dubellay Langey, Paris, 1753, 7 vol. in-12.
Histoire de François premier, par M. Gaillard, in-12, 8 vol.
Recueil ou Discours non plus mélancoliques que divers de choses mesmement qui appartiennent à notre France, 1557, in-8, veau doré.
Commentaires de Messire Blaise de Montluc, Marechal de France, Lyon, 1593, 2 vol. in-8. édit. recherchée. — ou 4 vol. in-12, nouv. édit.
Hist. de Marguerite de Valois, Reine de Navarre, sœur de François I, 1745, 2 vol. in-12.
Histoire d'Henri II, Roi de France, Paris, 2 vol. in-12.

Regnes de François II & Charles IX.

Commentaire de l'état de la Religion & Républ. par de la Place, 1565, in 12.
La vraie & entiere Histoire des troubles & choses mémorables advenues de notre tems depuis 1563 jusqu'en 1570, la Rochelle, 1573, in-8.
La vie du Duc de Guise, Paris, 1681, in-12.
Les Mémoires de Condé, Lond. 1743, 6 vol. in 4, grand pap.
Le stratagème de Charles IX contre les Huguenots, (ou l'Histoire du massacre de la S. Barthelemi), avec le texte Italien de Camillo Capilupi, 1594, in-8.
Vie de Coligni, Cologn. 1 vol. in-12.
Arrest de la Cour du Parlement, contre Gaspart de Colligny, mis en huit Langues, 1569, in-8, maroq. rare.
De furoribus Gallicis vera & simplex narratio, Ernesto Varamundo Frisio autore, Edimburgi, 1573, in-4, maroq.
Du grand & loyal devoir, fidélité & obéissance de Mrs de Paris envers le Roi, 1565, in-12, 1 vol. rare.
Le Reveil-matin des François & de leurs voisins, Edimbourg, 1574, in-12, 1 vol. rare.
La Legende de Charles, Cardinal de Lorraine, & de ses freres de la Maison de Guise, Rheims, 1576, in-8, édit. originale.
La Legende de Don Claude de Guise, Abbé de Cluny, 1581, in-8. Ces deux Légendes sont toujours recommandables aux yeux des curieux comme édition originale.

Regnes d'Henri III & Henri IV.

Plusieurs Cartons contenant plus de 500 pieces originales très-rares & très-curieuses sur la Ligue, sous les Regnes de Henri III, de Henri IV & Louis XIII, depuis 1560 jusqu'en 1643. — Plusieurs autres Cartons contenant plus de 1000 pieces originales très-rares & très-curieuses sur la fronde.
Journal des choses mémorables advenues durant le regne d'Henri III, 1621, in-8.
Les Mémoires de la ligue, ou recueil contenant les choses les plus mémorables advenues sous la ligue, par S. Goulard, 1580 & ann. suiv. 6 vol. in-8, rare.
Les mêmes Mémoires de la Ligue, avec des notes critiques & historiques, Amsterdam, 1758, 6 vol. in-4.
L'Esprit de la Ligue, ou Histoire politique des troubles de France pendant le XVIe & XVIIe siecle, Paris, in-12, 3 vol.
Mém. pour servir à l'Hist. de France, connus sous le nom de Mém. de l'Etoile, Cologne, 1719, 2 vol. in-8. Ces Mém. sont rares, n'ayant point été réimprimés.
Déclaration du Droit de légitime succession sur le Royaume de Portugal, appartenant à la Reine mere du Roi très-chrétien Henri III, &c. 1582, in-8.
Le Miroir des François contenant l'état & maniement des affaires de France, tant de la Justice que de la Police, &c. mis en dialogue, par Nic. de Montand, 1582, in-8, livre curieux & rare.
Apologie Catholique, contre les Libelles faits & publiés par les ligués perturbateurs du repos du Royaume de France, 1585, in-8. mar.
P. Sixti V Brutum Fulmen in Henricum, Regem Navarræ, & illustriss. Henricum Borbonium Principem Condæum, 1585, in-8, rare.
Moyen d'abus, entreprises & nullités du Rescript & Bulle de Sixte V, contre Henri, Roi de Navare, & Henri, Prince de Condé, 1586, in-8, rare, traduction du Brutum Fulmen Papæ Sixti V.
Aviso Piacevole dato, da un nobile giovanne francese, sur la mentita data dal s.re di Navarra a Papa Sisto V, in Monaco, 1586, in-4. mar. r. très-rare.
De Justa Henrici tertii addicatione è Francorum regno Libri IV, Paris, 1589, ou 1591, in-8, maroq. rouge, rare ; la satyre la plus vive qui ait paru contre Henri III.
Philippiques contre les Bulles pour Henri IV, Tours, in 12, maroq.
Le Cabinet du Roi de France, dans lequel il y a trois perles d'inestimable valeur, par

le moyen defquelles fa Majefté s'en va le premier Monarque du monde & fes fujets du tout foulagés, 1581, in-8, maroq. rouge, livre curieux & fort rare.

Articles & Propofitions délibérées à S. Germain-en-Laye fur l'Eglife, la Nobleffe & la Juftice, 1584, in-8.

Enterrement très-excellent de Très-Haut & Très-Illuftre Prince Cl. de Lorraine, Duc de Guife & d'Aumale, Paris, 1620, in-8.

Remontr. au Roi Henri III fur les défordres & miferes de ce Royaume, 1588, in-12, mar.

Pouvoir & Commiffion de Monfeig. l'Illuftr. & Révérend. Cardinal Caietan, Légat & Député du Pape Sixte V au Royaume de France, Paris, 1590, in-8.

Remontrance fur la Juftice demandée au Roi par la Reine de l'affaffinat d'Henri III, Paris, 1608, in-8. mar.

La Fatalité de S. Clou, 1680, in-8. 1 vol.

Le franc & véritable difcours au Roi pour le rétabliffement des Jéfuites, 1603, in-12, m. rare.

Hiftoire d'Henri IV, par Perefix, Elzevir, 1664, in-12, 1 vol. & autres éditions.

Satyre Menippée, Ratifbonne, in-8, 3 vol. belle édition.

Satyre Menyppée, Ratifbonne, (Elzev.) 1664, in-12, maroq.

Avertiffement des Catholiques Anglois aux François Catholiques, pour l'exclufion du Roi de Navare de la Couronne de France, avec la réponfe, 1588, 2 vol. in-8.

Le Francophile pour Henri IV, Roi de France & de Navare, contre les Confpirations des Rebelles de France, &c. 1591, in-8. mar.

Recueil de libres difcours fur l'état de la France. — Le Francophil. — La Fulminante. — La Maladie de la France & autres pieces, 1606, 2 vol. in-12, maroq. fort rare.

Difcours de la Légation de M. le Duc de Nevers, envoyé par le Roi Henri IV vers le Pape Clément VIII, Paris, 1594, in-8.

Vaticination fort ancienne, interpretée du Roi Henri IV, & conférée avec les oracles & préfages de Michel de Noftredame, très-beau manufcrit de 1594, in-8.

Sermons de la fimulée converfion & nullité de la prétendue abfolution de Henri de Bourbon, Prince de Bearn, par Jean Boucher, Curé de S. Benoit, Paris, 1594, in-8, livre extrêmement rare & recherché.

Le Banquet & après-dîné du Comte d'Aréte, où il eft traité de la diffimulation du Roi de Navarre & des mœurs de fes partifans, par Louis d'Orléans, Paris, 1594, in-8, maroq. roug. Satyre fort rare & fort recherchée.

Dialogue d'entre le Maheuftre & le Manant, contenant les raifons de leurs débats & queftions en ces préfens troubles de France, 1594, in-12, m r. Piece fin g: & peu com.

Apologie pour Jean Châtel, par François de Verone, Paris, 1595, in-8, maroq. rouge, édit. origin. la plus rare, & celle que les curieux recherchent.

Recueil de Pieces touchant la Compagnie de Jefus & la mort d'Henri IV, avec la figure de la pyramide élevée au fujet de l'attentat de Jean Chatel, &c. 1716, in-8, maroq.

Les Oraifons & Difcours funebres fur le trépas de Henri le Grand, au nombre de 34 recueillis en 1 vol. Paris, 1611, in 8.

Hiftoire des derniers troubles de France fous les regnes de Henri III & Henri IV, 1596, in-8, pas commun.

Le Manifefte de Pierre du Jardin, Sieur de la Garde, fur la mort de Henri IV. — Le Manifefte de la Damoifelle d'Efcoman fur le même fujet; & autres Pieces curieufes, 1717, 3 vol. in-12.

Le Pater nofter des Catholiques, l'Ave Maria des Cath. le Pater nofter des Jéfuites avec l'Ave Maria. — Difcours au Roi fur le rétabliffement des Jefuites. — Cenfure de la facrée Faculté de Théologie contre les Impies & exécrables parricides des Rois. — Le Bouquet de fleur d'épine, 1610, 1611, in-8, maroq.

Les Mém. de la Reine Marguerite, premiere femme d'Henri IV, 1713, in-8, veau doré.

Mémoires de la vie de Théodore-Agrippa d'Aubigné, &c. & autres Pieces, Amft. 1731, 2 vol. en un.

Mém. des fages & Royales économies d'Etat, domeftiques, politiques & militaires de Henri le grand, par Maximilien de Béthune, Duc de Sully, Amfterd. in-fol. édition originale connue fous le nom de l'édition aux W erts.

Les Mémoires & Economies Royales, par Maximilien de Béthune, Duc de Sully, Amft. 1725, in-12, 12 vol.

Les mêmes Mémoires de Sully, mis dans un nouvel ordre & un meilleur ftyle, avec des remarques, Londres, 1745, 3 vol. in-4, avec des portraits gravés par Odieuvre, m. roug.

Les mêmes Mémoires de Sully, Londres, 1767, in-12, 8 vol.

Les Amours d'Henri IV, Leyde, Sambix, 1664, in-12. mar.

Regne de Louis XIII.

Hift. du regne de Louis XIII, par Michel le Vaffor, in-12, 10 vol. & in-4, 7 vol.

Mémoires particuliers pour servir à l'Histoire de France sous les regnes de Henri III,
Henri IV & Louis XIII , Paris , 1756 , 3 vol. in-12.
Mém. d'Etat, contenant les choses les plus remarquables arrivées sous la regence de la
Reine de Médicis , (par Deſtrées), Paris , 1666 , in-12.
Mémoires de M***. (Monſieur, frere du Roi) depuis 1608 juſqu'en 1636, Paris , 1685 ,
in-12 , maroq.
Mém. concernant les affaires de France sous la regence de Médicis , la Haye , 1720 , in-12.
2 vol. pas commun.
La Chronique des Favoris, in-8 , maroq.
Recueil de Pieces les plus curieuſes faites pendant le regne du Conneſtable de Luynes ,
in-8. Recueil très curieux.
Le Tréſor des Tréſors volé à la Couronne de France par les incognues fauſſetés, artifices &
ſuppoſitions commiſes par les principaux Officiers des Finances , 1615 , in-8.
Hiſt. de la Mere & du Fils, c. à d. de Marie de Médicis, femme du grand Henri & mere de
Louis XIII , Amſt. 1731 , in-12 , 2 vol. difficile à trouver.
Recueil de Maître Guillaume, in-8 , maroq.
Hiſt. du Traité de Weſtphalie , par le P. Bougeant , in-4 , 3 vol.
La Conjuration de Conchine , Paris , 1618 , in-8.
Les Mémoires de Baſſompierre, Colog. Amſt. 1723 , 4 vol. in-12.
Les Ambaſſades de Baſſompiere, Col. (Elzevir) 1668 , 3 vol. in-12 , maroq.
Les Aventures du Baron de Fœneſte , par Théodore Agrippa d'Aubigné , Cologne , 1729 ,
in-8 , 2 vol. la bonne édit. pas commune.
Vie du Cardinal de Richelieu, par le Clerc, Amſt. 1714 , 2 vol. in-12.
Mémoires pour servir à l'Hiſt. d'Anne d'Autriche, épouſe de Louis XIII , par Madame de
Motteville, Amſt. 1723 , in-12 , 5 vol.
Les Amours d'Anne d'Autriche, Londres , 1738 , in-12 , maroq. rare.
Le véritable Pere Joſeph, Capucin, nommé au Cardinalat, contenant l'hiſtoire anecdote
du Cardinal de Richelieu, 1704 , in-12 , pas commun.
Le Chant du Coq François , où ſont rapportées les Prophéties d'un Hermite Allemand ,
Paris , 1621 , in-12 , fort rare.

Regne de Louis XIV.

Hiſtoire du regne de Louis XIV, par le ſieur Reboulet, Avignon, 1744 , 3 vol. in-4.
Hiſtoire de France sous le regne de Louis XIV , par de Larrey , Rotterd. 1738 , 9 vol. in-12.
Hiſtoire de la vie & du regne de Louis XIV , publiée par Bruzen de la Martiniere, avec des
figures & des medailles, la Haye , 1740 , 5 vol in-4.
L'Eſprit de la Fronde , ou Hiſt. politique & militaire des Troubles de France pendant
la minorité de Louis XIV , Paris , 1772 & ſuiv. in-12 , 5 vol.
Les Héros de la Ligue , ou la Proceſſion Monacale pour la converſion des Proteſtans de
France , Paris , (Holl.) in-4, mar. Cet Ouvrage eſt un recueil de figures ſatyriques &
des plus groteſques. Il eſt fort rare.
Mém. pour ſervir à l'Hiſt. de Madame de Maintenon & ſes Lettres, Amſt. 1755 ; 15 tom.
en 8 vol. in-12 , prem. édit. avec des Notes manuſc. fort intéreſſantes.
Jugement de tout ce qui a été imprimé contre le Cardinal Mazarin, par Gabriel Naudé ,
1 vol. in-4 , gr. pap. 718 pag. Ce Livre eſt connu sous le nom de Maſcurat de Naudé.
Mémoires du Cardinal de Retz, Amſt. 1731 , in-12 , 4 vol. —— Et les Mém. de Joly &
de la Ducheſſe de Nemours, Amſt. 1738 , in-12 , 3 vol. en total 7 vol. mar. ſuperbe édit.
rare & recherchée des curieux.
Mémoires de Roger de Rabutin, Comte de Buſſy ; 3 vol. in-12.
Les Mém. de Mademoiſelle de Montpenſier, 6 vol. in-12 , reliés en 3.
Mém. du Comte de Brienne, Amſt. 1719 , in-12 , 3 vol. la bonne édition.
Avis fidele aux véritables Hollandois touchant les cruautés exercées par les François dans les
villages de Bodegrave & Swammerdam, (Holl.) 1673, in-4, fig. gr. par Romain de Hooge.
Les ſoupirs de la France eſclave , qui aſpire après la liberté , contenus en XV Mémoires ,
Amſt. 1690, in-4. bien complet. maroq. rouge. Ouvrage fort ſatyrique , dont il ne
reſte preſque point d'exemplaires de complet, & il eſt fort difficile d'en trouver.
L'Alcoran de Louis XIV , ou le Teſtament politique du Cardinal Jules Mazarin, Rome,
(Holland.) 1696 , in-12 , petit volume fort rare.
Les Mém. du Duc de Guiſe, 1668 , Elzev. 2 tom. 1 vol. in-12.
Mémoire de M. de Gourville, Paris , in-12 , 1724 , 2 vol. aſſez rare.
Mémoires du Duc de Rohan ſur les choſes advenues en France depuis la mort de Henri IV
juſqu'en 1629 , Amſt. 1756 , 2 vol. in-12.
Mémoires de la Rochefoucault, (Elzevir), 2 vol. in-16 , maroq.
Mémoires du M. de Lyonne au Roi, 1668 , in-12 , rare.

Maximes importantes pour l'inſtitution d'un Roi contre la fauſſe & pernicieuſe politique du Cardinal Mazarin, Paris, 1663, in-12, maroq.

Caractere de la famille Royale, des Miniſtres & des principales perſonnes de la Cour de France, Villefranche, in-12.

Les Riſées de Paſquin, avec autres Entretiens curieux, touchant les plus ſecrettes affaires de pluſieurs Cours de l'Europe, Cologne, 1674, in-12, mar.

La France démaſquée, ou ſes irrégularités dans ſa conduite & maximes, la Haye, 1670, in-16, maroq.

Le Politique du tems, ou Conſeils ſur les mouvemens de la France, pour ſervir d'inſtruction à la triple Ligue, 1671, in-16, maroq.

Entretiens familiers des Animaux parlans, où ſont découverts les plus importans ſecrets de l'Europe, avec la clef, Bruxelles, 1672, in-16, maroq.

La Cour de France Turbaniſée, la Haye, 1690, in-12, mar. très-rare.

La Conduite de la France depuis la paix de Nimegue, Cologne, 1684, in-16, mar.

L'Oracle conſulté par les Puiſſances de la Terre ſur leurs deſtinées, 1688, in-16, mar.

La France toujours ambitieuſe & toujours perfide, 1689, in-16, mar.

L'Europe eſclave ſi l'Angleterre ne rompt ſes fers, Colog. 1689, mar.

La France Calomniatrice, Col. 1690, in-16, m.

Les Héros de la France ſortans de la barque à Caron, Collog. 1693, avec fig ſatyrique.

Uſurpation du regne de Louis XIV, Cologne, 1716, in-12, mar.

Luxembourg apparu à Louis XIV, augmenté du Courier de Pluton, Col. 1718, in-12, m.

Dialogue entre Gênes & Alger, Villes foudroyées par les armes invincibles de Louis le Grand — Nouvelles prédictions ſur la deſtinée des Etats, les intrigues de la Cour de France, la naiſſance & l'éducation du Prince de Galles, Londres, 1688, in-12.

Prédiction ſur la deſtinée de pluſieurs Princes & Etats du Monde, 1684, — Paſquini & Marforii curioſæ Interlocutiones — & autres pieces, in-12.

La Politique Françoiſe démaſquée, Utreck, 1695, in-16, mar.

Le Triomphe de la Ligue, Paris, 1696, in-12, rare.

Annales de la Cour & de Paris pour les années 1697 & 1698, Col. 1701, in-12, 2 vol. rel. en un, Livre curieux & peu commun.

Mémoires de la Cour de France, par Mad. la Comteſſe de la Fayette, Am. 1731, in-12.

Regne de Louis XV.

Les Mémoires de la Régence, Amſterd. 1729, in-12, 3 vol. ne ſe trouve plus.

Vie de Philippe d'Orléans, Régent du Royaume pendant la minorité de Louis XV, Lond. in-12, 2 vol.

Hiſt. du Syſtême des Finances ſous la Minorité de Louis XV, la Haye, 1739, 6 vol. in-12.

Mém. de Mad. de Staal, ou Anecd. de la Régence, Amſt. 1756, 4 tom. en 1 vol. in-12, m.

Les Avent. de Pomponius, ou l'Hiſt. de notre Tems, 1724, in-12.

Mém. Politiques & Militaires pour ſervir à l'Hiſtoire de Louis XIV & de Louis XV, par l'Abbé Millot, Paris, 1777, 6 vol. in-12.

Mélanges de l'Hiſtoire de France, &c.

Rec. ſur l'Hiſt. de France depuis A, juſqu'à Z, publiés par l'Abbé Perau, MM. de Querlon, Barbazan, &c. Fontenai, 1745, 23 tom. rel. en 8 vol. in-12, v. f.

Uſage & Cérémonie des Tournois — & le Pas des armes de Sendricourt, par René d'Anjou, Roi de Naples & de Siciles, Duc de Loraine & Comte de Provence, M. SS. avec fig. coloriées 1 vol. in-fol. maroq. r.

Tablettes hiſtoriques & Anecdotes des Rois de France, depuis Pharamond juſqu'à Louis XV, Lond. 1766, 3 vol. in-12.

Traité de l'origine, progrès & excellence du Royaume de France, par P. Ch. Dumoulin, Paris, 1571, in-12, mar.

Hiſt. des Inaugurations des Rois, Empereurs & autres Souverains, depuis leur origine juſqu'à préſent, ſuivie d'un Précis de l'état des Arts & des Sciences ſous chaque Regne, des princi aux faits, mœurs, coutumes & uſages les plus remarquables des François, depuis Pepin juſqu'à Louis XVI, Par. 1776, in-8, fig.

De la Souveraineté du Roi, par Savaron, Paris, 1620, in-8, v.

Obſervat. ſur l'Hiſtoire de France, par M. l'Abbé de Mably, 2 vol. in-12.

Mémoires Hiſtoriq. & Critiques ſur divers points de l'Hiſtoire de France, par Mezeray, Amſt. 1753, 1 vol. in-12.

Mém. hiſtor. crit. & anecdotes des Reines & Régentes de France, Amſt. 1776, 6 vol. in-12.

Hiſtoire de l'ancien Gouvern. de France, avec 14 Lettres ſur les Parlemens, par le Comte de Boulainvilliers, la Haye, 1727, 3 vol. in-12.

Hiſtoire de la Pairie de France & du Parlement de Paris, par le même, 1 v. in-12, v. f. d. ſ. t.

Essai sur la Nobleſſe de France, par le Comte de Boulainvilliers, Amſterd. 1732, in-8.
Le Grand Aulmonier de France, par Sebaſt. Rouillard, Par. 1607, in-8.
Traité de la Chancellerie, par P. de Miraulmont, Paris, 1610, in-8, v. d.
Hiſtoire de la Chancellerie de France, par Teſſereau, 1710, 2 vol. in-fol.
Lettres hiſtoriq. ſur les fonctions eſſentielles du Parlement, &c. Amſt. 1753, 2 vol. in-12.
Traité contre les Maſques, 1608. — Traité contre les Duels, par Savaron, Paris, 1614.
    — Remontrance au Roi contre les Duels, par Roland, Archevêque de Bourges, 1725.
    — Obſervations de la Dygamie, par Leſchaſſier, Paris, 1601.
Recueil des Edits contre les Duels, Paris, 1628, in-12, v. d.
Le Mauſolée de la Toiſon d'or, Amſt. 1689, in-12.
Recueil d'Ordonn. & Reglem. concern. les Monnoyes, depuis 1555 juſqu'en 1630, in-8 veau doré. — Cinq autres volum. Traités ſur les Monnoyes, très-curieux.
Rec. curieuſes des Monnoyes de France, par Cl. Bouteroue, Paris, 1666, in-fol. g. p. m. r
Hiſt. amour. des Gaules, par le Comte de Buſſy-Rabutin, 1754, 5 vol. in-12.
Les Galanteries des Rois de France, Cologne, 2 vol. in-12.
Réflexions Hiſtoriq. ſur la mort du Roy Henri le Grand. — Le Mal de Naples, ſon origne & ſes progrès en France. — Tréſor des Rois de France, in-12, 1 vol. mar. très-rare.

Hiſtoire Générale.

Hiſtoire Moderne par M. D. Marſy, 26 vol. in-12.
Hiſt. Générale des XVII Provinces-Unies des Pays-Bas, par J. Leclerc, Amſt. 1728 vol. in-fol.
Les Mém. d'Olivier de la Marche, depuis 1435 juſqu'en 1492, Bruxelles, 1616, in-4.
La Legende des Flamans, Paris, Galliot Dupré, 1558, in-8.
Hiſt. du Bas-Empire, par M. Lebeau, in-12, 20 vol.
Hiſt. de l'Empire d'Allemagne, & principalement de ſes révolutions, Paris, 1771, 8 vol. in-12.
Hiſt. de l'Empereur Charles-Quint, par Robertſon, 1771, 6 vol. in-12.
Hiſt. de l'Empereur Charles VI, par le ſieur de la Lande, la Haye, 1743, 6 vol. in-12.
Abrégé chronologiq. de l'Hiſt. d'Espagne & de Portugal, Paris, 1765, 2 vol. in-8.
Hiſt. générale d'Eſpagne, trad. de Fereras, par d'Hermilly, Paris, 1742, 10 vol. in-4.
Révolutions d'Eſpagne, par le P. d'Orléans, 3 vol in-4. ou 4 vol. in-12.
Vie de Philippe II, Roi d'Eſpagne, 6 vol. in-12.
Hiſt. d'Angleterre, par M. Rapin de Thoyras, augmentée des notes de M. Tindal, Paris, 1749, 16 vol. in-4.
Hiſt. d'Angleterre, par David Humes, 18 vol. in-12.
Abrégé chronologique de l'Hiſt d'Angleterre, par M. Salmon, Paris 1751, 2 vol. in-8.
Hiſt. Navale d'Angleterre, traduite de l'Anglois, Lyon, 1751, 3 vol. in-4.
Révolutions d'Angleterre, par le Pere d'Orléans, in-12, 4 vol.
Hiſtoire de la Rivalité de la France & de l'Angleterre, par M. Gaillard, 1771, in-12.
La Tyrannie heureuſe, ou Cromwel politique, Leyde, 1671, in-16, mar. citron.
Le Procès d'Edouard Colman, 1679, in-16, maroq.
Entretien ſur l'ancien Etat & Gouvernement de l'Angleterre, à l'égard de l'adminiſtration & de la ſucceſſion, Londres, ſans date, in-16, maroq. rouge.
Vie d'Eliſabeth, Reine d'Angleterre, trad. de Gregorio Leti, Londres, 1743, 2 vol. in-12.
Révolutions de Suéde, par l'Abbé de Vertot, in-12, 2 vol.
Révolutions de Portugal, par le même, in-12.
Bibliotheque Orientale, par Herbelot, Paris, 1697, in-fol. mar.
De la République des Turcs, par Guillaume Poſtel, Poitiers, 1560, in-4.
Les cent Eſtampes du Levant, avec l'explication, in-fol. des premieres épreuves.
Hiſt. des Révolutions de l'Empire des Arabes, par de Marigny, Paris, 1750, 4 vol. in-12.
Hiſt. des Saraſins, trad. de l'Anglois, 2 vol. in-12.
Hiſt. de Saladin, Sultan d'Egypte & de Syrie, Paris, 1758, 2 vol. in-12.
Mémoires ſur l'Etat préſent de la Chine, par le Pere Lecomte, Jéſuite, Paris, 1701, 1702, 3 vol. in-12.
Hiſt. du Japon, par le Pere Charlevoix, 6 vol. in-12, fig.
Les Mœurs des Sauvages Amériquains, comparées aux mœurs des premiers tems, par Lafitau, enrichies de fig. en taille-douce, Paris, 1724, 4 vol. in-12.
Conquête du Mexique & la conquête du Pérou, in-12, 4 vol. fig.
Regionum Indicarum per Hiſpanos olim devaſtarum deſcriptio, Bart. de las Caſas, 1664, in-4, fig.
Hiſt. des Incas, Rois du Perou, Amſterd. 1715, in-12, 2 vol. fig. pas commun
Hiſt. de l'Iſle de S. Domingue, par le P. Charlevoix, Amſt. 1733, 4 vol. in-12, fig.
Hiſt. du Paraguay, par le P. Charlevoix, in-12, 6 vol.

Généalogie, Antiquités, Médailles.

Méthode du Blason, par le P. Menestrier, Lyon, 1770, in-8, fig.
L'Antiquité expliquée & représentée en fig. par Bern. de Montfaucon, 1719. —— Le supplément, 1724. —— Et les Monumens de la Monarchie Françoise, 1729, en total 20 vol. in-fol. de premiere édit. en gr. pap. prem. épreuv. rel. en m. rouge.
Hist. de l'Art chez les Anciens, par Vinckelmann, Paris, 1766, 2 vol. in-8. fig.
Le Reveil de Chyndonax, Prince des Vacies, Druydes, Celtiques, Dijonois, Dijon, 1622, in-8, fig.
Les Antiquités perdues de Pancirole, Lyon, 1617, in-16.
Silva Nuptialis bonis referta non modicis, Par. 1521, in-8, goth. m. r. bel exemplaire.
La Science des Medailles antiques & modernes, par le P. Joseph Joubert, Paris, 1739, 2 vol. in-12.
Traité des Monnoyes, de J. Boizard, Paris, 1711, 2 tom. en un vol. in-12, rare.
Traité des Monnoyes, par Henri Poullain, Paris, 1709, in-12.

Histoire Littéraire.

Polydori Vergili de rerum inventoribus & de prodigiis, Elz. 1671, in-12.
Élémens des Sciences & des Arts littéraires, trad. de Benjamin Martin, in-12, 3 vol.
Hist. de l'Imprimerie, son origine & son progrès, par Jean de la Caille, Paris, 1689, in-4.
La Science pratique de l'Imprimerie, par Fertel, 1723; 1 vol. in-4.
Le Manuel Typographique, par Fournier le jeune 2 vol. in-8. fig.
Histoire de l'Académie Françoise, par Pelisson, Paris, 1730, 2 vol. in-12.
Histoire Littéraire de la France, par des Religieux Bénédictins de la Congrégation de Saint-Maur, Paris, 1735, 12 vol. in-4.
Histoire Littéraire des Troubadours, leurs vies, les extraits de leurs Pieces, & plusieurs particularités sur les mœurs, les usages & l'Histoire du XII XIIIe siecle, Paris, 1774, 3 vol. in-12.
Mémoires de Littérature, par d'Artigny, 7 vol. in-12.
Mémoires de Littérature, par Sallengre, la Haye, 1715, 2 vol. in-8. grand pap. maroq.
Mélanges de Littérature & d'Hist. par Vigneul de Marville, Rotterd. 3 vol. in-12.
Singularités historiques & littéraires, par Dom Lyron, in-12, 4 vol.
Querelles Littéraires, Par. 1761, in-12, 4 vol.
Reflexions Historiq. & Critiq. sur le goût & sur les ouvrages des principaux Auteurs Anciens & Modernes, par le Marquis d'Argens, Amst. 1743, in-8.
Diction. des Livres rares, singuliers, estimés & recherc. P. Osmont, Par. 1768, 2 v, in-8.

Extraits Historiques.

Les Apophtegmes, ou bons Mots des Anciens, de la traduction de Perrot d'Ablancourt, Amst. 1730, in-12. maroq. rare.
Les Histoires tragiques de Bandel, Rouen, 1603; 7 vol. in-12, maroq. bel exemplaire.
Histoires prodigieuses, extraites de plusieurs Auteurs fameux, par Boaistuau, Belleforest, & autres, 1597, 6 vol. in-16 rel. en 3, fig. maroq. rouge.
Les Hist. mémorables & tragiq. de ce tems, par F. de Rosset, Par. 1619. in-8.
Nouveau Porte-feuille hist. & littéraire, de M. Brusen de la Martiniere, Amst. 1755, in-12.
Les Nuits Angloises, 4 vol. in-8, rel. en 2.
Les Princes célebres qui ont regné dans le Monde, in-12, 4 vol.
Mémoires historiques, critiques, par Amelot de la Houssaye, in-12, 3 vol.
Recueil de Mascarades & Jeux de prix à la course du Sarasin, faits en Carême-prenant, 1607. —— Semonce à une demoiselle des champs pour venir passer les Jours gras à Paris, 1609. —— La rencontre des Cocus, & autres Pieces, en 1 vol. in-12.
Les diverses Leçons de Pierre Messie, Rouen, 1526, in-8. v. f. d. s. t.
Les diverses Leçons d'Antoine du Verdier, sieur de Vauprivas, Paris, in-8.

Vies des Personnes Illustres.

Vies des plus illustres Philosophes de l'antiquité, trad. du Grec, de Diogene Laerce, Amst. 1758, 3 vol. in-12, fig.
Plutarchi omnia Opera, gr. & lat. cum notis Joannis Rualdi, Parisiis, Typis Regiis, 1624, 2 vol. in-fol.
Les Vies des Hommes illustres & les Œuvres morales de Plutarque, tr. du grec, par Jacq. Amiot, Par. Vascosan, 1567, 14 v. in-8, m. r. l. r. Exemplaire de la plus grande beauté.
Vies des Hommes illustres, & Œuvres de Plutarque, traduct. d'Amiot, 1621, 4 vol. in-8, vél.

Vies des Hommes illust. de Plutarque, tr. en franç. par M. Dacier, 14 vol. in-12.
Histoire de Scipion l'Afriquain & d'Epaminondas, par Seran de la Tour, pour servir de suite aux Hommes illustres de Plutarque, 1752, in-12, 1 vol.
Hist. d'aucuns Favoris, Amst. Michiels, 1660, in-12. maroq.
Bocace, des Dames de renom, Lyon, 1551, in-8, maroq.
Œuvres du Seigneur de Brantome, 15 vol. in-12.
Galleries des Femmes forte, Lug. Elz. 1660.
Hist. des Favorites, conten. ce qui s'est passé de plus remarquables sous plusieurs Regnes, 2 tom. 1 vol. in-12, mar.
Des Enfans devenus célébres, Traité histor. par Bailler, Paris, 1688.
Brief Disc. de la vie & mort de Théodore de Beze, personn. très-renommé Gen. 1610 in-8.
La Vie du Pape Sixte V, trad. de l'Italien de Gregorio Lety, Paris, 1758, 2 v. in-12, fig.
Vie du Vénérable Dom Jean de Palafox, Evêque d'Angelopolis, in-8, avec de très-belles figures.
La Vie de Mahomet, par le Comte de Boulainvilliers, Amst. 1731, in-12, mar.

Jurisprudence.

Step. Balusii Capitularia Regum Francorum, Paris, 1677, 2 vol. in-fol. gr. p. mar r.
Corpus Juris Civilis, Elzevir, 1663, 2 vol. in-fol. veau doré.
Corpus Juris Civilis, Elzevir, 1663 & 1681, 2 vol. in-8.
Journal des Audiences, 7 vol. in-fol.
Journal du Palais, 2 vol. in-fol.
Recueil de Jurisprudence Canoniq. par Lacombe, in-fol.
Arrêts d'Augeart, 2 vol. in-fol.
Traité des Successions, par le Brun, in-fol.
Les Loix civiles de M. Domat, Paris, 1767, in-fol.
Histoire de la Jurisprudence Romaine, par Terasson, Paris, 1750, in-fol.
Corpus Juris Civilis, Elzevir, 1634, 1681, 2 vol. in-8.
Dictionnaire de Droit & de Pratique, par Ferriere, Paris, 1771, 2 vol. in-4 — La Science parfaite des Notaires, par Ferriere, Paris, 1771, 2 vol. in-4.
Dictionnaire de Droit Canonique & de Pratique bénéficiale, par Durand de Maillane, Lyon, 1770, 4 vol. in-4.
Jurisprudence Civile, par Lacombe, Paris, 1768, in-4. — Traité des Matieres criminelles, par Lacombe, Paris, 1768.
Traité de la Vente des immeubles, par Louis d'Hericourt, Paris, 1771, 2 tom. 1 vol. in-4.
Esprit des Ordonnances de Louis XV, par Sallé, 1771, in-4.
Style du Châtelet, Paris, 1771, in-4.
Conférence des Ordonnances de Louis XIV, par Bornier, Paris, 1755, 2 vol. in-4.
Œuvres de d'Hericourt, Paris, 1759, 4 vol. in-4. — Traité de la vente des immeubles, par le même, 1771, in-4.
Praticien François, par Lange, Paris, 1755, 2 vol. in-4.
Œuvres de Scipion Duperier, 3 vol. in-4.
Œuvres de feu M. Cochin, Paris, 6 vol. in-4.
Traité de l'Indult du Parlement de Paris, par Cochet de S. Valier, Paris, 1747, 3 vol. in-4.
Questions sur l'Ordonnance de 1667, pa. Rhodier, in-4.
Réglemens sur les scellés & inventaires, Paris, 1756, in-4.
Recueil de procédures civiles de l'Officialité de Paris & du Royaume, par P. Decombes, in-4.
Traité des Tutelles, par Ferriere, Toulouse, 1666, in-4.
Abrégé du Comment. général de toutes les Coutumes, par Jacquet, Paris, 1764, 2 vol. in-4.
Mémorial alphabétique des eaux & forêts, pêches, chasses, &c. Paris, 1737, in-4.
Traité sur le Mariage, par Lerident, 1753, in-4.
Code matrimonial, Paris, 1770, 2 vol. in-4.
Commentaires sur les nouvelles Ordonnances concernant les donations, les testamens, &c. par Lacombe, Paris, 1753, in-4.
Explication de l'Ordonnance de Louis XIV sur les matieres civiles & sur les matieres criminelles, par Boutaric, 1743, 2 vol. in-4.
Traité général des Droits d'Aides, par Lefebvre de la Bellande, Paris, 1770, in-4.
Juris Canonici Theoria & Praxis, authore J. Cabassutio, Lugd. 1709, in-4.
Traité de la perfection & confection des papiers terriers, par Bellami, Paris, 1746, in-4.
Codes des Chasses, de la Police, Rural, des Tailles, des Terriers, des Seigneurs, Penal, Municipal, du Conseil, Civil, Criminel, Marchand, de Louis XV, Militaire.
Introduction à la Pratique, par ordre alphabétique, Paris, 1768, 4 tom. 2 vol. in-12.
Institution au Droit François, par Argou, Paris, 1771, 2 vol. in-12.

Inftitutes du Droit Canonique, par Durand de Maillane, Lyon, 1770, 10 vol. in-12.
Traité des Droits honorifiques, par Marchal, 2 vol. in-12.
Queftions de Droit, par Bretonnier, 2 vol. in-12.
Style univerfel de toutes les Cours & Jurifdictions du Royaume, par Gauret, Paris,
  1768, 2 vol. in-12.
Nouvelles Inftructions pour les Gardes des eaux & forêts, Paris, 1765, in-12.
Traité des Injures dans l'ordre judiciaire, par F. Dareau, Paris, 1775, in-12.
Principes & Ufages concernant les Dîmes, par de Jouy, Paris, 1775, in-12.
Inftructions fur les procédures civiles & criminelles, Paris, 1768, in-12.
Illuftrations & Remarques fur la Coutume du Maine, par Julien Brodeau, au Mans,
  1658, 2 vol. in-16, rare.
Caufes célebres & intéreffantes avec les jugemens qui les ont décidées, rédigées, par
  M. Richer, Amft. 1772, 12 vol. in-12.
Mémoires & Plaidoyers de M. Linguet, 1773, 7 vol. in-12.

Les Perſonnes qui ſouhaiteront ſe procurer quelques articles de ce Catalogue, & même d'autres, auront la bonté d'en écrire à Bailly, Libraire, Quai des Auguſtins, qui les leur fera tenir ſur le champ par la voie déſignée.

Il fait Ventes, Priſées & Catalogues, & achete des Bibliothéques.